**Thomas Kalkus-Promitzer**

# Transformative Trance

Strukturierter Dialog in Trance
zur Lösung und Selbstbefreiung

2. Auflage

Impressum

© 2025 Thomas Kalkus-Promitzer

Covergestaltung und Illustrationen:
DI Konrad Promitzer - kpdesign.at

Bibliografische Information der Deutschen Nationalbibliothek: Die Deutsche Nationalbibliothek verzeichnet diese Pub-
likation in der Deutschen Nationalbibliografie; detaillierte
bibliografische Daten sind im Internet über
http://dnb.dnb.de abrufbar.

Verlag: BoD · Books on Demand GmbH, Überseering 33,
22297 Hamburg, bod@bod.de

Druck: Libri Plureos GmbH, Friedensallee 273, 22763 Hamburg

ISBN: 978-3-8192-2728-8

Haftungsausschluss:
Die in diesem Buch enthaltenen Informationen dienen lediglich der
Information. Sie basieren nicht auf wissenschaftlichen Methoden
und ersetzen keinesfalls medizinische oder psychologische, bzw. psy-
chotherapeutische Behandlungen. Die Anwendung der in diesem
Buch beschriebenen Techniken erfolgt aus eigenem Willen und ei-
genmächtig. Der Autor gibt keinerlei Garantien zur Wirksamkeit der
Methode.

# Inhaltsverzeichnis

*„Nicht zu mir sollen Sie Vertrauen haben, sondern zu sich selbst, denn in Ihnen allein schlummert die Kraft, die Sie heilen wird. Meine Rolle beschränkt sich einzig darauf, Sie zu lehren, wie Sie jene Kraft gebrauchen sollen."*

*- Émile Coué*

# Vorbemerkung

Ich bin seit vielen Jahren als psychologischer Berater, Trainer und Coach tätig und habe über tausend Menschen in meinen Seminaren und Lehrgängen ausgebildet und begleitet. Dabei wurde ich von meinen Teilnehmern immer wieder gefragt, warum ich nicht ein Buch schreibe, wo doch meine schriftlichen Unterlagen so umfangreich sind. Ich habe dieses Unterfangen immer als zu arbeitsaufwändig und darüber hinaus auch nicht für notwendig erachtet. Die Häufigkeit dieser Anfragen, sowie der oft geäußerte Wunsch nach einer klaren Schritt-für-Schritt-Anleitung, haben mich aber schlussendlich überzeugt. In mir reifte die Idee heran, alle meine Erkenntnisse und Erfahrungen in einem eigenen Modell zusammenzufassen und dabei auf jene Qualität zu setzen, die meine Teilnehmer an mir zu schätzen wissen: Komplexes einfach, aber nicht oberflächlich zu erklären und Wissen in ansprechender Form weiterzugeben. So entstand dieses Buch, in dem ich die Methode der *Transformativen Trance*® einem interessierten Publikum präsentiere.

In *Transformative Trance*® *- Strukturierter Dialog in Trance zur Lösung und Selbstbefreiung* fließen meine langjährigen Erfahrungen und Qualifikationen als Hypnose-MasterCoach (DVH), NLP-Lehrtrainer, Systemischer Coach und staatlich geprüfter Psychosozialer Berater ein.

Zugegeben, all das in einem kleinen Buch zu komprimieren, ist eine Herausforderung. Zum Glück waren und sind Herausforderungen Zeit meines Lebens ein starker

Motivator für mich. Das ist wohl auch den bescheidenen Verhältnissen geschuldet, denen ich entstamme. Die Zeit hat mich gelehrt: Hürden sind da, um genommen zu werden. Und sinnvoll zu leben, heißt für mich, stets weiter zu lernen und neue Erfahrungen zu machen.

Inspiriert hat mich dazu auch die wertvolle Grundlagenarbeit von Floris Weber *(Auflösende Hypnose)* Friedbert Becker *(DK-Verfahren)* und Safi Nidiaye *(Körperzentrierte Herzensarbeit),* die meine eigene Arbeit sehr bereichert haben.

Ich bitte Sie, sich mit den Inhalten dieses Buches interessiert und offen, aber auch kritisch auseinanderzusetzen. In meinen Lehrgängen und Seminaren verblüffe ich meine Teilnehmer immer wieder mit der Aussage: „Glauben Sie mir kein Wort! Machen Sie Ihre eigenen Erfahrungen und bilden Sie sich Ihre eigene Meinung!". Diese Herangehensweise empfehle ich auch für dieses Buch.

Aus Gründen der leichteren Lesbarkeit verwende ich in diesem Buch die gewohnte männliche Sprachform bei personenbezogenen Substantiven und Pronomen. Dies impliziert jedoch keine Benachteiligung des weiblichen Geschlechts, sondern soll im Sinne der sprachlichen Vereinfachung als geschlechtsneutral zu verstehen sein.

Ich wünsche Ihnen eine interessante Lektüre und würde mich freuen, wenn Sie das Gelesene und Gelernte schon bald auch praktisch anwenden können.

Ihr Thomas Kalkus-Promitzer

# Zur Neuauflage dieses Buches

Als ich dieses Buch im Jahr 2018 erstmals veröffentlichte, war es ein Herzensanliegen: Menschen einen Zugang zu einer Methode zu eröffnen, mit der innere Wandlungsprozesse auf sanfte, aber wirkungsvolle Weise angestoßen und begleitet werden können. Die Resonanz war für mich ebenso überraschend wie berührend. Viele Leser:innen und Anwender:innen haben mir in den vergangenen Jahren berichtet, wie hilfreich und befreiend die Arbeit mit „Transformation Trance" für sie gewesen ist. Manche fanden darin neue Perspektiven auf langjährige Themen, andere nutzten die Methode zur Stärkung ihrer inneren Klarheit oder als Unterstützung in herausfordernden Lebensphasen.

Inzwischen hat „Transformation Trance" seinen Platz in der Praxis vieler psychosozialer Fachkräfte, Hypnoseanwender:innen und Menschen in Veränderungsprozessen gefunden. Das Buch hat über die Jahre hinweg nichts von seiner Relevanz verloren – im Gegenteil. Gerade in einer Zeit, in der äußere Umstände uns oft überfordern, wächst das Bedürfnis nach innerer Orientierung und nachhaltiger Selbstverbindung. Genau hier setzt diese Methode an: strukturiert, tiefgehend und zugleich offen für persönliche Ausdrucksformen.

Die nun vorliegende Neuauflage entstand nicht aus dem Bedürfnis, Inhalte zu verändern oder neu zu strukturieren, sondern aus dem Wunsch, dem Buch ein zeitgemäßes, ansprechendes Äußeres zu geben. Ein modernes Design, eine frische Typografie und ein überarbeiteter

Umschlag spiegeln nun auch äußerlich die Klarheit und Lebendigkeit wider, die „Transformation Trance" im Inneren vieler Menschen bereits entfaltet hat. Inhaltlich bleibt die bewährte Struktur unverändert – bewusst, denn gute Inhalte müssen nicht ständig neu erfunden werden, wenn sie tragen und wirken.

Ich freue mich sehr, dass dieses Buch weiterhin seinen Weg zu Menschen findet, die sich auf die Reise nach innen begeben wollen – in achtsamer Begleitung, mit einem offenen Herzen und dem Vertrauen in ihre eigene innere Weisheit.

*Thomas Kalkus-Promitzer, im April 2025*

# Einleitung

*„Das Leben ist nicht das, was geschah, sondern das, was wir erinnern und wie wir es erinnern."*
- Gabriel José García Márquez

Als Manfred[1] zum ersten Mal zu mir in die Praxis kam, präsentierte sich mir ein selbstbewusster, erfolgreicher Mann im besten Alter mit einem scharfen, analytischen Verstand. Augenscheinlich gut situiert und erfolgreich, ein Gewinnertyp Anfang 40 mit breitem Siegerlächeln, glücklich verheiratet, stolzer Vater einer bezaubernden Tochter, beruflich in einer Spitzenposition und trotzdem noch Zeit für das eine oder andere Ehrenamt.

Die Erfahrung hat mich gelehrt, dass das, was sich nach außen zeigt, oft nicht mit dem inneren Zustand übereinstimmt. Ich vergleiche dieses Phänomen gerne mit dem Zustand eines Hauses, dessen Fassade nichts über die tatsächliche Bausubstanz aussagt. Ein frischer Anstrich bedeutet noch lange nicht, dass das Fundament stabil, der Keller trocken und die Mauern tragfähig sind.

Auch bei diesem Klienten deutete nach außen hin nichts darauf hin, dass irgendetwas nicht stimmen könnte und trotzdem saß er nun hier in meinem Beratungsraum. Im Laufe des Gespräches kam hinter der Sieger-Fassade eine andere Seite zum Vorschein. Manfred schilderte mir eindrucksvoll, dass er auf seine privaten und beruflichen Erfolge zwar stolz sei, aber immer das Gefühl habe, um alles kämpfen zu müssen. Alles im Leben erschien

---

1 Name zum Schutze des Klienten geändert.

ihm zwar möglich und erreichbar, aber unendlich müh-
sam. So gut wie nichts gelang ihm einfach oder leicht, im
Gegenteil, selbst einfache Dinge des Lebens waren für
ihn oft mit großer Mühsal und Anstrengung verbunden.
Langsam, aber sicher kostete das Manfred immer mehr
Kraft und Energie und in sein Leben trat eine sonderbare
Schwere. Dies war keine vorübergehende Traurigkeit
oder depressive Verstimmung, sondern eine spürbare
Schwere, die wie eine dicke Decke auf ihm lastete und
keine Leichtigkeit zu ihm durchdringen ließ.

Manfred konnte sich keinen Reim darauf machen und
egal wie oft er sich auch den Kopf darüber zerbrach, er
fand keine befriedigende Antwort und schon gar keine
Lösung für dieses Problem. Seine Kindheit und Jugend
schilderte er als wohl behütet und glücklich, das Fami-
lienleben als intakt. Später gründete er mit der ersten
großen Liebe seines Lebens eine eigene Familie, in der
er sich sehr wohl und geborgen fühlte. Obwohl es offen-
bar weit und breit keinen sichtbaren Grund für seinen
Zustand gab, lauerte da dennoch ständig dieses ungute
Gefühl im Hintergrund.

Um dieses Problem endlich loszuwerden, ließ sich Manfred mehrmals professionell coachen, nahm an Fami-
lien-aufstellungen teil und sprach mit Betriebspsycholo-
gen. Nichts davon brachte Erfolg. Und so fand er
schließlich, in der Hoffnung, dass sein Unterbewusstsein
Ursache und Lösung für seine Sorgen kennen würde, seinen Weg in meine Praxis. Da saß er nun und tat sich
sichtlich schwer damit, diese Diskrepanz zwischen seinem Auftreten und seinem inneren Erleben zu erklären.
Irgendetwas stimmt nicht und heute wollte er der Sache

auf den Grund gehen. Im Vorgespräch sammelte ich alle Informationen, die notwendig waren, um mir ein klares Bild von seiner Situation zu machen. Danach klärte ich Manfred über mögliche Kontraindikationen, sowie über meine Qualifikation und Arbeits-weise auf und erläuterte ihm die Schritte und die Wirkungs-weise der *Transformativen Trance*®.

In Trance kam Manfred schnell mit seinen Gefühlen in Kontakt und fand über diese zurück zur Situation, in der diese entstanden waren. Häufig sind die Erinnerungen an die auslösenden Situationen dem Bewusstsein nicht mehr zugänglich. Wenn ich mich an die Ursache von Gefühlen aber nicht erinnere, kann ich sie auch nicht adäquat verarbeiten. Genau hier kann das Unterbewusstsein Groß-artiges leisten, denn es speichert wirklich alles, was wir jemals erlebt, gedacht, gefühlt und wahrgenommen haben.

Nach und nach nahm Manfred in Trance eine ihm fremde Umgebung wahr. Er sah einen Raum, schemenhafte Gestalten und hörte Gesprächsfetzen. Ich bat ihn, genauer hinzusehen und hinzuhören und auf Details zu achten. Zu seiner großen Überraschung wurde dadurch das Bild schnell klarer und plötzlich sah sich Manfred selbst in einem Operationssaal liegen. Um genau zu sein: er sah einen Säugling, 14 Tage jung, der einen verzweifelten Kampf ums Überleben führte. Instinktiv wusste er, dass der Säugling er selbst war. Schlussendlich kamen auch verschüttete Erinnerungen wieder. Von Erzählungen seiner Eltern wusste er, dass er mit einem Loch im Herzen zur Welt gekommen war und es die ersten Wochen nicht sicher war, ob er überleben würde.

Da sah er sich nun liegen: klein, verletzlich, um sein junges Leben kämpfend. Augenblicklich kam es bei Manfred zu einer heftigen Gefühlsreaktion und er konnte seine Tränen nicht länger zurückhalten. Das alles war so lange her, wie konnte dieses Ereignis, das ja schließlich gut ausgegangen war, bis heute sein Leben so sehr belasten?

Ich versicherte ihm, dass hier und jetzt alles gut sei, er in Sicherheit und ich an seiner Seite wäre. Das ermöglichte ihm, die Szene weiter zu beobachten. Er beschrieb immer mehr Details des Operationssaales und konnte auch die Ärzte und das weitere OP-Personal deutlich wahrnehmen. Nun war er sich völlig sicher: er erlebte hier die Operation an seinem jungen Herzen erneut. Dann hörte er plötzlich einen Satz, den ein Arzt zum anderen sagte:

*„Wenn der Kleine jetzt nicht kämpft, dann war alles umsonst...".* Wie ein Echo hallte der Satz wider: *„Wenn der Kleine jetzt nicht kämpft, dann war alles umsonst... Wenn der Kleine jetzt nicht kämpft... kämpft... kämpft..."*

Manfred war gerade erst 14 Tage alt, als dieser Satz fiel und sein Leben nachhaltig prägte. Mit diesem Alter verfügt ein Mensch weder über einen entsprechenden Sprachschatz noch über die kognitive Fähigkeit, dem Gehörten eine Bedeutung zu verleihen. Trotzdem hat Manfreds Unter-bewusstsein diese Aussage wahrgenommen und gespeichert. Hier an diesem Ort, zu diesem Zeitpunkt und mit diesem Satz begann sein Leidensweg.

Unser Unterbewusstsein schläft nie. Gerade in Zeiten, in denen unser klares, analytisches Bewusstsein nur eingeschränkt funktioniert oder gar nicht vorhanden ist (z.B. unter Narkose), nimmt es alle Eindrücke und Wahrnehmungen auf und speichert sie in tieferen Schichten ab. Auch wenn diese Informationen bei ihrer Entstehung nicht verstanden oder verarbeitet werden können, so sind sie dennoch latent vorhanden und finden oft zu einem späteren Zeitpunkt eine Gelegenheit, um aktiviert zu werden. Das war auch bei Manfred der Fall.

Das Schließen von Erinnerungslücken ist so gut wie immer mit emotionalen Reaktionen verbunden und auch hier flossen reichlich Tränen. Es ist ein ganz besonderer Augenblick, wenn in Trance mit einem Schlag klar wird, wann und wodurch die Ursache für unser Problem entstanden ist. Manchmal reicht es, die Ursache zu erkennen, damit diese Aufdeckung bereits zur Lösung und Befreiung führt. In manchen Fällen ist es aber notwendig, die Ursache nicht nur aufzudecken, sondern aufzulösen. Hier liegt die besondere Kraft und Effektivität der Trancearbeit. Eine wesentliche Rolle spielt hierbei unser Gehirn. Dieses unterscheidet nämlich nicht, ob wir etwas real erleben oder es uns nur lebhaft vorstellen. Wenn wir in Trance einen Prozess starten, so hat dieser dieselbe Wirkung, als würden wir ihn tatsächlich erleben. Im Gehirn feuern dann dieselben Nervenzellen, der Körper aktiviert dieselben Muskelgruppen und unser gesamtes System reagiert, als würden wir die Situation hier und heute noch einmal durchleben. Der große Unterschied zwischen Trance und Wirklichkeit ist allerdings, dass wir in Trance das Erleben und unsere Reaktion darauf steuern können. Das eröffnet uns die Möglichkeit,

die Art und Weise, wie wir uns an frühere Ereignisse erinnern, aber auch unseren Umgang damit, noch Jahr-
zehnte später zu verändern.

*„Wenn der Kleine jetzt nicht kämpft, dann war alles um-
sonst…".* Manfred weinte heftig, als ihm dieser Satz und
seine Folgen plötzlich so klar und deutlich bewusst wurden. Plötzlich begann alles einen Sinn zu ergeben. All die
Mühsal, all die Anstrengungen, auch bei ganz alltägli-
chen Dingen, erschienen jetzt in einem anderen Licht. In
einer Ausnahmesituation, in der es um sein Überleben
ging, legte sein Unterbewusstsein diesen Kampfmodus
als latentes, unterschwelliges Programm an. Und dieses
wartete nur darauf, aktiviert zu werden, sobald Manfred
kognitiv in der Lage war, dem gespeicherten Satz eine
Bedeutung zu geben. Es kommt wohl nicht von unge-
fähr, dass Manfred im Alter von ca. 4 Jahren zu stottern
begann und diese Einschränkung nur mit viel Mühe und
persönlicher Anstrengung überwand. Schulzeit, Lehre,
berufliche Laufbahn standen dann unter den gleichen
Vorzeichen: kämpfen, kämpfen, kämpfen. Und Manfred
kämpfte. Er entwickelte darin eine regelrechte Perfek-
tion, erreichte seine Ziele und lebte ein erfolgreiches Leben. Wenn da bloß diese Schwere nicht wäre…

„Was bräuchte denn dein jüngeres Ich jetzt?", fragte ich
Manfred. „Jemanden, der es in den Arm nimmt, es trös-
tet, Geborgenheit gibt und sagt, dass alles gut wird.",
antwortete Manfred. „Und wer könnte dieser Jemand
sein? Wer wäre dazu am besten geeignet?". „Ich selbst,"
antwortete Manfred, „das muss ich selbst machen."

Als Manfred sein jüngeres Ich in Trance sanft in den Arm nahm, um Trost und Zuversicht zu spenden, liefen ihm abermals dicke Tränen über die Wangen. Diesmal waren es aber Tränen der Erleichterung und Versöhnung mit sich selbst. In diesem Moment der Harmonisierung vollzog sich seine Transformation. Damit verbunden war die Erkenntnis, dass es eine Zeit in seinem Leben gab, in der das Kämpfen durchaus einen Sinn machte. Diese Zeit ist aber lange vorüber. Heute ist es nicht mehr notwendig, ständig in innerer Anspannung zu leben und zu kämpfen. Das Leben darf auch leicht und einfach sein und das ist gut so.

Manfred prägte sich das Bild von seinem jüngeren Ich, das er in den Armen hielt und die dazugehörigen Gefühle gut ein. Mit entsprechenden Suggestionen verankerten wir diese Empfindungen tief in seinem Unterbewusstsein. Ab sofort würde er immer, wenn er es bräuchte, dieses positive Gefühl reaktivieren können. Das fühlte sich gut an. Sehr gut sogar. Er verließ meine Praxis mit einem breiten Lächeln und einem neuen Lebensgefühl.

# Historischer Abriss

Hypnose und Trance erleben derzeit einen Boom. Es erscheinen viele neue Bücher zu diesem Thema und auch auf dem Gebiet der Hirnforschung und Psychologie kommt man laufend zu faszinierenden, neuen Erkenntnissen. Aber auch seriöse TV-Sender bringen Dokumentationen über dieses Phänomen. Obschon das Thema in der öffentlichen Wahrnehmung aktuell sehr präsent ist, handelt es sich dabei um keine Modeerscheinung. Hypnose und Trance können auf eine beachtliche Geschichte zurückblicken. Die folgen-den Seiten erheben keinen Anspruch, diese Geschichte fundiert und im Detail darzustellen, sondern sollen einen kurzen, übersichtlichen Einblick in die historische Ent-wicklung ermöglichen. Für ein detaillierteres Studium der historischen Hypnose- und Trancearbeit empfehle ich das Buch von John C. Hughes[2].

## Antike

Keilschrifttexte belegen, dass der Tempelschlaf bereits im 4. Jahrtausend v. Chr. von den Sumerern zu Heilzwecken eingesetzt wurde. Ebenso im mehr als 3.000 Jahre alten medizinischen Papyrus Ebers[3] der alten Ägypter wurden schon Methoden beschrieben, wie man den

---

*2 John C. Hughes, The Illustrated History of Hypnotism, 2008,*
*ISBN: 1885846142*
*3 Der Papyrus Ebers ist ein medizinischer Papyrus aus dem alten*
*Ägypten. Er gehört neben dem Papyrus Edwin Smith zu den ältesten*
*noch erhaltenen Texten überhaupt. Quelle: Wikipedia, 29.01.18*

heilenden Zustand der Trance herbeirufen und auch zu Zwecken des Hellsehens verwenden konnte. Die alten Römer und Griechen kannten Hypnose und Trance ebenso, Jahrtausende bevor es diese Begriffe überhaupt gab.

Darüber hinaus sind Trancezustände auch im Schamanismus, in der Meditation und in der religiösen Anbetung seit langer Zeit bekannt.

Der Begriff „Hypnose" leitet sich zwar von Hypnos, dem Gott des Schlafes in der griechischen Mythologie ab, wurde aber erst viel später für den künstlich herbeigeführten Zustand der Trance verwendet. Obwohl der Begriff somit irreführend ist, weil Hypnose kein Schlafzustand ist, hat sich dieser Begriff durchgesetzt und wird bis heute rund um die Welt verwendet.

## Franz Anton Mesmer (* 1734, † 1815)

Mesmer wurde am 23. Mai 1734 in Iznang am Bodensee geboren. 1759 verlegte er seinen Lebensmittelpunkt zum Zwecke des Medizinstudiums nach Wien, wo er im Jahre 1766 von der Universität Wien den medizinischen Doktorgrad verliehen bekam. 1774 erfuhr Mesmer von den Heilerfolgen des Jesuitenpriesters Maximilian Hell. Dieser schrieb der „natürlichen Strahlung" von Magneten eine besondere Heilkraft auf den tierischen und menschlichen Organismus zu. 1775 veröffentlichte Mesmer seine eigenen Thesen über den animalischen Magnetismus. Er formulierte darin den Magnetismus „als das einzige und allgemeine Mittel, Krankheiten vorzubeugen und sie zu heilen, wenn anders der Heilung keine absolute Unmöglichkeit entgegen-steht."[4]

Das brachte Mesmer seitens der Wiener medizinischen Fakultät viel Kritik ein, die sich nach der Gründung eines Hospitals, in dem er seine eigene Behandlungsmethode praktizierte, noch steigerte. Seine Gegner nahmen die erfolglose Behandlung einer, seit ihrem dritten Lebensjahr blinden, in der Öffentlichkeit angesehenen Pianistin zum willkommenen Anlass, um seine Heilmethode als unwirksam und als Betrug zu brandmarken. Daraufhin verließ Mesmer Wien und zog nach Paris.

Obwohl er auch hier eine erfolgreiche Praxis eröffnete und das Interesse für seine Methode rasch wuchs, schlug ihm seitens der medizinischen Fakultät dieselbe Ablehnung entgegen wie in Wien. Mesmer verlagerte seine Tätigkeit daraufhin in mehrere geschlossenen Vereine, in denen er seine Forschung und Arbeit über weitere zehn Jahre fortsetzte. Bis heute werden seine Theorien diskutiert. Seine Methode der „Mesmerschen Streichungen", werden bis heute zur Einleitung und Vertiefung einer Trance eingesetzt. Dabei gleiten die Hände des Behandlers über den Körper des Klienten, ohne ihn zu berühren. Wenig bekannt dürfte auch die Tatsache sein, dass das englische Verb „to mesmerize" (= faszinieren) auf Franz Anton Mesmer zurückgeht.

---

4 *Werner J. Meinhold, Das große Handbuch der Hypnose, Theorie und Praxis der Fremd- und Selbsthypnose, 2015, ISBN: 3945695384*

## Marquis de Puységur (* 1751, † 1825)

Armand Marie Jacques de Chastenet de Puységur, Marquis de Puységur war ein Schüler Franz Anton Mesmers und Mitbegründer des Mesmerismus. Im Gegensatz zu Mesmer legte de Puységur aber mehr Augenmerk auf den psycho-logischen Aspekt des Hypnotisierens, anstatt die Theorie eines alles durchdringenden Fluidums weiterzuverfolgen. Dies führte später zu einem Bruch zwischen den beiden. De Puységur beschrieb als erstes den Zustand eines hypnotisierten Patienten, der trotzdem in der Lage war, mit ihm zu kommunizieren. Weil ihm dieser Patient wie ein Schlafwandler vorkam, benutzte er dafür fälschlicherweise den Begriff „Somnambulismus" (= Schlafwandeln), der bis heute als Synonym für einen tiefen Trancezustand in Verwendung ist. Auf de Puységur gehen auch die erste Beschreibung posthypnotischer Erinnerungslücken (Amnesie), sowie die Kenntnis der Wirkweise post-hypnotischer Aufträge zurück.

## José Custódio de Faria (* 1795, † 1819)

Der portugiesische Wanderprediger de Faria war ein enger Freund de Puységurs. Er erforschte, wie auch de Puységur, posthypnotische Suggestionen und beschäftigte sich auch in Indien mit Trancephänomenen. Seine Versuchspersonen hypnotisierte er, indem er sie scharf anblickte und die Suggestion „Schlaf!" gab. Wie de Puységur war auch de Faria, im Gegensatz zu Mesmer, der Auffassung, dass direkte Suggestionen ausschlaggebend für die Einleitung einer Trance waren und nicht ein magnetisches Fluidum.

De Faria führte von 1802 bis 1811 in Paris hypnotische Forschungen und auch Heilungen durch und war danach ein Jahr lang Professor für Philosophie in Marseille. Wie zuvor schon bei Mesmer, wurde auch sein Wirken von der Ärzteschaft sehr kritisch bewertet und so wurde er 1812 nach Nîmes strafversetzt, wo ihm schließlich die therapeutische Tätigkeit polizeilich ganz verboten wurde. Dennoch hielt er bis zu seinem Tode im Jahr 1819 weiter regelmäßig Vorträge über Mesmerismus und Hypnose. Viele seiner Entdeckungen kommen bis heute in der Hypnose zur Anwendung.

**James Braid (* 1756, † 1860)**

Nach der Demonstration einer „Magnetisierung" durch Charles Lafontaine wurde der schottische Arzt und Chirurg James Braid auf Mesmers Animalischen Magnetismus aufmerksam. Obwohl er die Vorführung für eine Scharlatanerie hielt, beobachtete er einige Tage später bei einer weiteren Demonstration einen Mann, der in Hypnose plötzlich seine Augen nicht mehr öffnen konnte, ohne dass dafür medizinische Gründe vorlagen. Fasziniert verfolgte er auch am nächsten Abend die öffentliche Vorführung und war sich sicher, dahinter gekommen zu sein, welche Ursache wirklich hinter diesem Vorgang steckte. Das spornte ihn zu eigenen Forschungen und Untersuchungen an.

Braid lehnte die Theorie des Magnetismus ab und setzte sich das Ziel, eine wissenschaftliche Erklärung für den Zustand der Trance zu finden.

In seinen Untersuchungen gelang es ihm, sich selbst in Trance zu versetzen. Innerhalb eines Monats formulierte er seine eigene, neue Theorie, in der er einen psycho-physiologischen Zusammenhang der Trance vermutete und aufzeigte. Aufgrund seiner falschen Annahme, dass es sich bei der durch Hypnose ausgelösten Trance um einen schlafähnlichen Zustand handle, prägte er dafür den Aus-druck *Neurohypnology* den er später zu *Neurypnology* verkürzte.

Obwohl Braid diverse spirituelle Erklärungsversuche der Hypnose strikt ablehnte und seine Forschungen nach wissenschaftlichen Kriterien betrieb, blieben auch ihm Anfeindungen von Ärzten und der Kirche nicht erspart. Braid reagierte darauf mit mehreren Gegendarstellungen, Berichten an die wissenschaftlichen Vereinigungen und letztlich mit der Veröffentlichung seines Buches *Neurypnology*[5].

Nachdem er 1847 feststellte, dass wichtige Hauptmerkmale der Hypnose, wie Katalepsie (Versteifung eines Körperteils), Analgesie (Schmerzabschaltung) und Amnesie (Erinnerungs-lücken) auch ohne künstlich erzeugte Form des „Schlafes" hervorgerufen werden konnten, bedauerte er die Verwendung des Begriffs "Hypnose". Er versuchte stattdessen, den Begriff *Monoideismus*[6] einzuführen, der ihm richtiger erschien. Dieser Versuch scheiterte allerdings. Die heute gängige Verwendung des Wortes Hypnose geht aber ohnehin nicht auf James

---

5 *James Braid, Neurypnology; or the rationale of nervous sleep, considered in relation with animal magnetism, ISBN: 1164903004*
6 *Aufgehen in einer einzigen Vorstellung*

Braid zurück. Bereits 1821 schlug der französische Offizier und Magnetiseur Baron d'Henin de Cuvillers[7] (*1755, † 1841) in seinem Buch *Le magnétisme animal retrouvé dans l'antiquité* die Begriffe Hypnose und Hypnotiseur vor, auf die Braid dann zurückgriff.

## Schule von Nancy

Nach der Lektüre des Buches *Neurypnology* von James Braid begann sich der französische Landarzt Ambroise A. Liébeault (* 1823, † 1904) zunehmend für Hypnose zu interessieren und diese zur Behandlung funktioneller und organischer Störungen einzusetzen. Aus Angst um seinen guten Ruf als Arzt verzichtete er dabei anfangs sogar auf sein Honorar. Zu dieser Zeit war der Psychiater und Neurologe Hippolyte Bernheim (* 1837, † 1919) als Professor am medizinischen Institut von Nancy tätig und wurde auf Liébeault aufmerksam. In der Absicht, Liébeault als Scharlatan zu überführen, vermittelte er diesem einen Patienten mit Ischias-Problematik, welchen er selbst schon erfolglos behandelt hatte. Liébeaults Hypnosebehandlung war so erfolgreich, dass dies zu einem Umdenken bei Bernheim führte.

Von dieser Erfahrung fasziniert, entwickelte sich in der Folge zwischen den beiden Ärzten eine Zusammenarbeit, die schließlich in der Gründung der Schule von Nancy mündete.

---

7 *Rémi Côté, Hénin de Cuvillers - The Creator of Hypnosis,* ISBN: 1521927863

Bernheim vertrat die Ansicht, dass jeder Mensch hypnotisierbar sei und dass der hypnotische Zustand allein durch Suggestion hervorgerufen werde. Er verfasste dazu das Lehrbuch *„De la suggestion et de ses applications à la thérapeutique"*[8], das später von Sigmund Freud ins Deutsche übersetzt wurde. Mit der 1884 formulierten Suggestionslehre löste die Schule von Nancy ältere Hypnosekonzepte, wie Mesmers Animalischen Magnetismus oder de Puységurs Somnambulismus-theorie, ab.

Durch die Erforschung der Suggestion können Liébeault und Bernheim als Mitbegründer der modernen Psychotherapie angesehen werden.

### James Esdaile (* 1808, † 1859)

Esdaile war ein schottischer Arzt und Chirurg, der von Geburt an unter chronischer Bronchitis und Asthma litt. Weil er sich durch das Klima eine Besserung seiner Leiden erhoffte, übersiedelte er im Jahre 1831 nach Indien, wo er in Kalkutta in einem kleinen Krankenhaus praktizierte.

Im April 1845 operierte Esdaile einen Patienten, der an einer qualvollen Wasseransammlung im Hodensack litt. Die Drainage war für den Patienten sehr schmerzhaft, da es zu diesem Zeitpunkt noch keine chemische Betäubung gab. Daher entschied sich Esdaile den Patienten bei der zweiten Operation zu mesmerisieren, ohne bisher eigene Erfahrungen damit zu haben. Dazu legte er

---

*8 Hippolyte Bernheim, Die Suggestion und ihre Heilwirkung*

den Patienten in einen abgedunkelten Raum und begann langsam mit seinen Händen über den gesamten Körper des Patienten zu streichen. Diese Streichungen führten den Patienten nach einiger Zeit in eine so tiefe Trance, dass Esdaile die Operation schmerzfrei und erfolgreich durchführen konnte.

Durch diese eigene Erfahrung reicher, führte Esdaile in den kommenden Jahren hunderte, möglicherweise sogar tausende Operationen ohne chemische Betäubung durch, darunter auch Amputationen. Freilich benötigte die Mesmerisierung einige Zeit und konnte sich über Stunden hin bis zu Tagen ziehen. Da er selbst gesundheitlich schwer gezeichnet war, überließ er diese anstrengende Arbeit seinen Assistenten, um selbst für die anschließenden Operationen bei Kräften zu sein.

Seine Erfolge und seine Arbeitsweise sprachen sich in Indien rasch herum und so dauerte es nicht lange, bis offizielle Ermittlungen eingeleitet wurden, die jedoch zu seinen Gunsten ausgingen. Trotzdem hatte er weiter mit heftiger Kritik seitens der Ärzteschaft, sowie religiöser Institutionen zu kämpfen.

Nach dem regulären Ablauf seines Vertrages mit der Ostindien-Gesellschaft zog sich Esdaile 1853 aus Indien zurück. Nachdem ab 1850 chemische Betäubungsmittel wie Äther, Chloroform und Lachgas eingeführt wurden, ging das Wissen um seine Arbeit beinahe verloren.

James Esdailes Verdienst ist es zweifellos, als Erster die Wirkung besonders tiefer Trancezustände erkannt und für medizinische Zwecke nutzbar gemacht zu haben. Bis heute ranken sich Legenden um das hypnotische Koma, in dem der Patient völlig schmerzbefreit auch große Operationen übersteht. Hundert Jahre nach Esdaile entdeckte Dave Elman eine weitere Möglichkeit, diesen Zustand wesentlich schneller herbeizuführen und veröffentlichte seiner Erkenntnisse über den *Esdaile State* in seinem Werk *Hypnotherapy*[9] .

## Richard von Krafft-Ebing (* 1840; † 1902)

Der im deutschen Mannheim geborene von Krafft-Ebing wirkte als Psychiater, Neurologe und Rechtsmediziner in Wien, Prag und Berlin, bevor er 1872 eine psychiatrische Klinik in Straßburg eröffnete und ein Jahr darauf die Leitung der neu errichteten steiermärkischen Landesirrenanstalt Graz übertragen bekam. Gleichzeitig übernahm er auch den Lehrstuhl für Psychiatrie an der Universität Graz.

Auf von Krafft-Ebings Wirken und Forschungstätigkeit geht u.a. der Terminus Masochismus zurück, der auf den damals in Graz lebenden Schriftsteller Leopold von Sacher-Masoch Bezug nimmt, der wiederum in seinen Werken das Schmerz- und Unterwerfungsverhalten in Beziehungen zu Frauen schilderte. Außerdem erkannte von Krafft-Ebing die Zusammenhänge zwischen Syphilis und Paralyse (= Lähmung) und veröffentlichte mit der klinisch-forensischen Studie *Psychopathia sexualis*[10] einen wissenschaftlichen Welt-bestseller. Darin definierte

---

9 Dave Elman, Hypnotherapy, ISBN: 0930298047
10 Richard von Krafft-Ebing, Psychopathia sexualis. Mit besonderer Berücksichtigung der conträren Sexualempfindung: Eine klinisch-forensische Studie, ISBN: 1421235641

er u.a. Homosexualität als angeborene neuropsychopathische Störung, was ihm ermöglichte, sich für eine vollkommene Straffreiheit der Homo-sexualität auszusprechen. Das Buch zählt zu den Standard-lehrbüchern der Sexualpathologie des 19. Jahrhunderts.

In seiner Zeit als Direktor der Landesirrenanstalt befasste er sich im Oktober 1887 mit dem Fall einer ungarischen Patientin, die sich als eine *„zu hypnotischen Studien außerordentlich geeignete Persönlichkeit"* herausstellte. Die Patientin, die mit der Diagnose Hysterie in seine Klinik eingewiesen wurde, zeigte unterschiedliche tranceartige Zustände: den „relativ normalen, luciden Zustand", den hypnotischen Zustand, der durch verschiedene Prozeduren wie Anblicken, Stirnstreicheln, einen Druck auf die Stirn oder einen verbalen Befehl ausgelöst werden konnte und schließlich den auto-hypnotischen Zustand, in dem u.a. posthypnotische Suggestionen wirkten. Von Krafft-Ebing gewann im Laufe der mehrmonatigen Arbeit die Überzeugung, dass der *„Hypnotismus ... eine höchst wichtige Quelle für die Bereicherung unserer Kenntnisse von der Physiologie des menschlichen Geistes und der Beziehungen zwischen psychischer und körperlicher Welt..."* darstellt.

Nach seiner Studie vertrat auch von Krafft-Ebing vehement die Auffassung, dass Hypnose nicht auf dem animalischen Magnetismus beruht, wie von Mesmer behauptet, sondern auf dem psychologischen Einfluss des „Experimentators", bzw. des hypnotisierenden Arztes auf den Patienten. Die Veröffentlichung seiner

Studienergebnisse[11] findet bis heute ihren Platz in der Reihe der ersten, wissenschaftlich fundierten Abhandlungen zum Thema Hypnose und Trance.

## Émile Coué (* 1857, † 1926)

Der französische Apotheker Coué entdeckte, dass sich die Wirkung seiner Medikamente erheblich verstärkte, wenn er sie seinen Patienten mit der Bemerkung „Mit diesem Medikament werden Sie sicher ganz schnell gesund" verabreichte. Er erkannte darin das Wirkprinzip der Suggestion und stellte durch seine weiteren Forschungen fest, dass eine Fremd-Suggestion in dem Moment zu einer Autosuggestion wird, in dem sie angenommen wird. Darüber hinaus entdeckte er, dass jeder Gedanke in uns, ob positiv oder negativ, bestrebt ist, sich zu verwirklichen. Nicht der Wille, sondern unser Glaube und unsere Vorstellungskraft sind entscheidend für die Wirkung, soweit sie keinen Naturgesetzen entgegen-stehen. Auf diesem Prinzip basiert auch der Placebo-Effekt.

In seinem Haus in Nancy hielt er viermal täglich (außer sonntags) unentgeltliche, öffentliche Sitzungen mit bis zu 50 Teilnehmern ab. Dabei demonstrierte er seinen Teilnehmern die Wirkung ihrer eigenen Geisteskräfte, indem er sie kleine Experimente durchführen ließ. Bei einem davon bat er sie, ihre Hände zu verschränken, die Finger fest zusammen-zudrücken und dabei schnell

---

11 *Richard von Krafft-Ebing, Eine experimentelle Studie auf dem Gebiete des Hypnotismus: Nebst Bemerkungen über Suggestion und Suggestionstherapie, ISBN: 3744624498*

folgenden Satz zu wieder-holen: „Ich kann meine Hände nicht öffnen, ich kann nicht, ich kann nicht, ich kann nicht...". Wenn er nach einer Minute das Öffnen anordnete, brachten die meisten die Hände nicht mehr auseinander. Coué kommentierte dann schmunzelnd: „Wer so gut denken kann wie Sie, der sollte nie denken: Ich kann nicht!".

Coué kann für sich in Anspruch nehmen, als erster Wissenschaftler den Vorrang der Vorstellungskraft gegenüber dem Willen erkannt zu haben. Das führte zur Einsicht, dass bei vielen Krankheiten und Leiden die psychischen Komponenten die physischen überlagern und auch nach Heilung der körperlichen Erkrankung fort-bestehen können. Mit Unterstützung seiner Frau veröffentlichte Coué seine Erkenntnisse[12] und begann aus-gedehnte Vortragsreisen durch Europa und die USA. Dabei warb er für seinen neuen Ansatz, Menschen dabei zu unterstützen, die Selbstheilungskräfte zu aktivieren. Seinen Patienten versicherte er: „Ich habe keine Heilkraft, nur Sie selbst!". Dieser Gedanke ist auch ein Grundprinzip der *Transformativen Trance*® - Lösung und Befreiung kommen aus dem tiefsten Inneren des Klienten und nicht vom begleitenden Trance-Coach.

---

12 *Émile Coué, Autosuggestion: Die Kunst der positiven Selbstbeeinflussung durch mentales Training, ISBN: 3868202803*

## Dave Elman (* 1900, † 1967)

Dave Elman war ein US-amerikanischer Hypnotiseur und Autor. Nachdem ein Bekannter der Familie seinen krebskranken Vater erfolgreich mit Hypnose gegen dessen Schmerzen behandelt hatte, erwachte im damals 8-Jährigen die Faszination für Hypnose. In der Folge begann er sich schon in frühen Jahren auch für Bühnen- und Showhypnose zu interessieren. Als er im Jahr 1948 auf einer Wohltätigkeitsveranstaltung spontan einspringen musste, beeindruckte er im Publikum anwesende Ärzte mit seiner Leistung so sehr, dass sie ihn nach der Show baten, ihnen seine Methoden beizubringen. Elman begann daraufhin mit Ärzten zu arbeiten und bildete in den folgenden Jahren über 10.000 Ärzte und Zahnärzte in medizinischer Hypnose aus. In seinen Seminaren entwickelte er die nach ihm benannte Elman-Induktion, eine besonders schnelle und effektive Einleitungs- und Vertiefungsmethode. Seine Erfahrungen dokumentierte er im Buch *Hypnotherapy*[13], das zu den Grundlagenwerken der Hypnose zählt.

Trotz oder vielleicht gerade wegen seines Erfolges, entschieden sich die US-amerikanischen Ärztegesellschaften irgendwann, den Hypnoseunterricht für Ärzte selbst zu übernehmen. Als Begründung diente dafür die Tatsache, dass Elman selbst keinen akademischen Titel führte. Durch diesen Schwenk wandten sich in der Folge die meisten Mediziner Milton Erickson zu, der über die entsprechende akademische Ausbildung verfügte. Elmans Lehre geriet so fast in Vergessenheit, wäre da

---

13  *Dave Elman, Hypnotherapy, ISBN: 0930298047*

nicht sein ehemaliger Schüler Gerald Kein gewesen, der zwölf Jahre nach Elmans Tod eine eigene Hypnoseschule gründete und seine Arbeit bis zu seinem eigenen Tod im Jahr 2017 fortsetzte.

## Milton H. Erickson (* 1901, † 1980)

Kurz nach dem Abschluss der Highschool erkrankte der damals 18jährige Milton Erickson an Kinderlähmung und fiel für drei Tage ins Koma. Obwohl ihm seine Ärzte wenig Überlebenschancen gaben, kam er wieder zu Bewusstsein, war allerdings vollständig gelähmt. Bewegungsunfähig war er an seinen Schaukelstuhl gefesselt und darauf angewiesen, dass dieser von seinen Eltern, die ihn täglich besuchten, hin und her bewegt wurde. Als der Besuch eines Tages ausblieb, er aber den intensiven Wunsch verspürte, aus dem Fenster zu schauen, begann er Kraft seiner Gedanken, den Schaukelstuhl leicht in Bewegung zu setzen. In den folgenden Monaten experimentierte er mit der Kraft seiner Gedanken und schulte seine Wahrnehmung.

Nach und nach gelang es ihm durch große Willens-anstrengung und Vorstellungskraft, seine Muskeln wieder funktionsfähig zu machen. Schon nach einem Jahr konnte er sich mit Hilfe von Krücken fortbewegen und ein Studium an der Universität von Wisconsin beginnen. Seine Genesung machte so große Fortschritte, dass er, entgegen dem Rat seiner Ärzte, völlig auf sich allein gestellt einen fast 2.000-km-langen Kanu-Trip auf dem Mississippi absolvierte. Zwei Jahre später konnte er bereits ohne Krücken gehen und hinkte lediglich.

Bestärkt durch seine eigene Erfahrung, begann Erickson sich in seinem Studium mit Hypnose zu beschäftigen. Er entwickelte einen eigenen Ansatz, der die Individualität jedes einzelnen Patienten betonte. Spezifische Persönlichkeits-eigenschaften, Fähigkeiten, Lebenserfahrungen und Erinnerungen begriff er als therapeutische Ressourcen. Dieser Ansatz, mit dem zu arbeiten, was da ist und vom Klienten angeboten wird, erlaubte es, den jeweiligen Klienten in seiner persönlichen Realitätskonstruktion und seiner individuellen inneren Welt von Einstellungen, Werten, subjektiven Erfahrungen und Interpretationen, zu verstehen und ihm entsprechend zu begegnen.

1953 und 1976 erkrankte er abermals am Postpolio-Syndrom mit Muskelschwund und multiplen Schmerzzuständen. Das zwang ihn im Alter wieder in den Rollstuhl und führte zu einer halbseitigen Gesichtslähmung.

Sein Lebenswerk[14] beeinflusste viele therapeutische Schulen nachhaltig. Auch die beiden Gründer des NLP (Neuro-linguistisches Programmieren), Richard Bandler (* 1950) und John Grinder (* 1939) orientierten sich an Miltons Schaffen, analysierten seine hypnotischen Sprachmuster und integrierten sie als *Milton Patterns*[15] in ihr eigenes Werk.

---

14 Ernest L. Rossi und Milton H. Erickson, *Gesammelte Schriften von Milton H. Erickson: Gesamtausgabe / Studienausgabe in 6 Bänden (Hypnose und Hypnotherapie), ISBN: 3849701077*
15 Richard Bandler und John Grinder, *Patterns: Muster der hypnotischen Techniken Milton H. Ericksons, ISBN: 3955714179*

# Hypnose und Trance

Menschen, die noch keine Erfahrung mit Hypnose haben, verbinden mit ihr oft die Befürchtung, dabei im Schlaf-zustand oder gar bewusstlos zu sein, dem Hypnotiseur hilflos und willenlos ausgeliefert zu sein und dabei möglicherweise sogar Geheimnisse oder Intimitäten auszuplaudern. In Wirklichkeit hat all das mit Hypnose nicht das Geringste zu tun.

Die US-Gesundheitsbehörde definiert Hypnose folgenderweise: *„Hypnosis is the bypass of the critical factor of the conscious mind and the establishment of acceptable selective thinking"*. Übersetzt bedeutet das in etwa: *„Hypnose ist die Umgehung des kritischen Faktors des Bewusstseins und die Etablierung von geeignetem, selektivem Denken."* Oder noch einfacher: der ständige Kritiker in uns wird ganz bewusst einen Moment auf lautlos oder zumindest leiser gestellt, um neue, gewünschte, unterstützende Ideen und Gedanken wirken lassen zu können. Durch die Hypnose können Sie in einen anderen Bewusstseinszustand wechseln, der Sie dabei unterstützt, Ihre Ziele zu erreichen. In einer hypnotisch herbeigeführten Trance sind Sie entspannt und gleichzeitig höchst konzentriert und aufnahmefähig. Ihre Sinne werden dabei geschärft und Ihre Wahrnehmungsfähigkeit steigert sich. Ihr Geist befreit sich von ablenkendem Ballast und fokussiert sich auf das Wesentliche. Diesen Zustand nennen wir Trance.

Obwohl die Begriffe Hypnose und Trance oft synonym verwendet werden, trenne ich sie, um Klarheit zu schaffen. Während ich Hypnose als Technik definiere, begreife ich die Trance als Zustand. Beides kann zusammenhängen, muss aber nicht. Hypnose ist ohne Trance möglich, ebenso wie Trance keine Hypnose benötigt.

Spätestens seit Émile Coués Entdeckung der Autosuggestion wissen wir, dass in Wirklichkeit nicht der Hypnotiseur den Klienten hypnotisiert, sondern sich der Klient immer selbst hypnotisiert - vorausgesetzt, die Suggestion passt, wird verstanden und akzeptiert. Wir können also mit Hypnose den Weg in die Trance unterstützen, letztendlich bewerkstelligt das aber immer unser Klient selbst. Das mag manchem Kollegen vielleicht nicht gefallen, weil damit der Nimbus der Macht ins Wanken gerät, für mich hat diese Tatsache aber etwas Befreiendes: ich begleite meinen Klienten dabei, sich selbst zu helfen. Die wirkliche Macht der Veränderung geht dabei nicht von mir aus, sondern lebt und wirkt aus dem Innersten meines Klienten heraus. Mit diesem Prinzip werden wir uns im Folgenden noch genauer beschäftigen.

Wir wissen inzwischen, dass Worte über eine starke Wirkung verfügen. Für eine Hypnose ohne Trance ist aber nicht einmal ein Austausch von Worten notwendig. Es reicht z.B. auch, wenn sich Ihr Arzt Ihren Befund ansieht und dabei das Gesicht verzieht. Dieses nonverbale Signal wird an Ihnen höchstwahrscheinlich nicht spurlos vorübergehen und den Heilungsprozess nicht unbedingt fördern.

Bei einer Hypnose ohne Trance sprechen wir von einer Wachhypnose. Auf der anderen Seite kennen Sie aber auch ganz sicher den Zustand der Trance aus eigener Erfahrung, ohne dafür hypnotisiert worden zu sein. Denn jeder Mensch ist täglich mehrmals in Trance. Denken Sie zum Beispiel an Situationen, in denen Sie ganz automatisch „funktionieren", ohne lange darüber nachzudenken oder sie gar zu analysieren. Solche Situationen sind beispielsweise Autofahren oder Radfahren. Ich wette, Sie sind schon einmal gefahren und waren dabei so in Gedanken versunken, dass Sie ihre Umgebung und die Strecke gar nicht richtig wahrgenommen haben. Und trotzdem sind Sie sicher ans Ziel gekommen. Vielleicht sind Sie aber auch schon einmal mit der Bahn oder dem Bus gefahren und haben fast vergessen, an der richtigen Station auszusteigen, weil Sie innerlich so sehr mit etwas anderem beschäftigt waren. In Österreich gibt es die schöne Redewendung „Ins Narrenkastel schauen", damit ist gemeint, in Tagträumen versunken zu sein, und zwar so sehr, dass das sogar von außen wahrnehmbar ist. Vielleicht sind Sie aber auch schon einmal in einen mitreißenden Film so richtig hineingesogen worden oder in ein gutes Buch regelrecht versunken. All das sind Trancezustände. All das ist natürlich. All das erleben wir Tag für Tag.

Diese Fähigkeit, ganz leicht und natürlich in Trance zu gehen, machen wir uns mit der Methode der *Transformativen Trance*® zu Nutze. Dafür brauchen wir keine lange Einleitung, es ist auch nicht nötig, sich tiefer und tiefer zu entspannen. Um damit erfolgreich zu arbeiten, ist es noch nicht einmal notwendig, dass Ihr Klient an die Wirksamkeit glaubt. Den Weg zur Lösung und zur Selbstbefreiung findet das Unterbewusstsein ganz von selbst. Wir begleiten und unterstützen es dabei mit unserer Aufmerksamkeit, dem richtigen Timing und bewährten Routinen, die sich einfach erlernen lassen.

*Trance ist ein natürlicher Zustand,*
*den jeder Mensch kennt.*

Der Zustand der Trance wird von jedem Menschen anders erlebt. Selbst wenn Sie öfter mittels Hypnose in
Trance geführt werden, werden Sie diese Erfahrung jedes Mal anders wahrnehmen. Manche Menschen sehen
plötzlich Farben und Formen, andere fühlen eine Veränderung der Temperatur oder verspüren plötzlich einen
leichten Druck an irgendeiner Stelle des Körpers. Meine
Klienten beschreiben die hypnotische Trance manchmal
als Wellenbewegung, die sie abwechselnd einmal tiefer

und dann wieder flacher wahrnehmen. Andere wiederum berichten von einem kompletten Wegdriften. Und dann gibt es wiederum welche, die aus der Trance zurückkehren und verblüfft feststellen: „Ich habe alles mitbekommen!" Alles ist möglich, alles ist okay.

Verständlicherweise gab und gibt es immer wieder Versuche, die jeweilige Trancetiefe zu bestimmen. Da gibt es beispielsweise die Beschreibung der Trance als leichte Trance, mittlere Trance, tiefe Trance bis hin zum „hypnotischen Koma" oder „Esdaile State". Andere Ansätze kommen zu noch viel ausgefeilteren Skalen um die jeweiligen Trancetiefen zu bestimmen. So kennt beispielsweise die *Arons Depth Skala* 6 verschiedene Trancestufen, die *Stanford Skala* bereits 12, *Davis Husband* 30 und *Lecron und Bordeaux* sogar 50 unterschiedliche Levels!

Ich halte diese Herangehensweise für den Erfolg unserer Arbeit für nicht zielführend und deshalb für irrelevant. Trance ist meiner Meinung nach ein höchst individueller und subjektiver Zustand, der entweder ist oder eben nicht ist. 1 oder 0. So wie ich nicht in jedem Moment gleich wach bin und nicht bei jedem Schlaf gleich tief schlafe, so erlebe ich auch die Trance individuell. Und trotzdem bin ich entweder wach, schlafe oder bin in Trance.

Bei der Arbeit mit *Transformativer Trance*® setzen wir voller Vertrauen darauf, dass die richtige Trancetiefe genau in dem Moment erreicht wird, in dem der bewusste Verstand sprichwörtlich einen Schritt zur Seite macht und das Unterbewusste die Kontrolle übernimmt. Wir bemerken diesen besonderen Moment an der

Veränderung der Sprache und Wahrnehmung unseres Klienten und arbeiten dann genau damit weiter. Mit den Feinheiten dieses Prozesses setzen wir uns an späterer Stelle noch genauer auseinander. Vorerst reicht es, zu wissen, dass wir für die Erreichung einer arbeitsfähigen Trancetiefe keine besondere Einleitungs- und Vertiefungsmethode benötigen, weil sich die Trance im entscheidenden Moment selbst vertieft und reguliert.

Sobald eine Person in Trance geht, verändert sich ihre innere Wahrnehmung und ihr körperliches Empfinden. Blutdruck, Puls, Atmung und auch die Dominanz bestimmter Hirnwellen verändern sich. Diese Veränderungen im Gehirn sind mit Hilfe moderner, bildgebender Verfahren (EEG)[16] nachweisbar. Trance ist also subjektiv erlebbar und gleichzeitig objektiv messbar.

---

16  *EEG = Elektroenzephalographie*

# Haltung

Bei der Arbeit mit Klienten müssen wir zwangsläufig die Frage beantworten, welche grundsätzliche Haltung (Einstellung) wir dabei einnehmen. Die jeweils gewählte Haltung hat Auswirkungen auf uns selbst, auf unseren Arbeitsstil, ebenso wie auf die Erwartungshaltung der Klienten an uns. Wenn wir eine bestimmte Haltung in unserer Arbeit einnehmen, übernehmen wir damit unweigerlich auch die damit einhergehende Verantwortung für die systemischen Auswirkungen und die Entscheidungen, die daraus resultieren.

Edgar H. Schein (*1928), einer der Mitbegründer der Organisationspsychologie und Organisationsentwicklung, entwickelte ein Modell von drei Haltungen in der Beratung, die er als Antwort auf bestimmte Anforderungen der Klienten ansieht. Diese drei Haltungen sind:

a. Experten-Haltung
b. Arzt-Patienten-Haltung
c. Coaching-Haltung

Sie implizieren jeweils ganz bestimmte Einstellungen und Erwartungshaltungen der Berater gegenüber ihren Klienten und umgekehrt. Jede dieser Haltungen bringt Vor- und Nachteile mit sich.

## a) Experten-Haltung

Diese Haltung setzt ein hierarchisches „Oben-Unten-Verhältnis" voraus. Der Experte kennt eine Lösung für ein Problem, die ich als Klient nicht kenne. Er muss daher um seine Expertise gebeten werden. Frei nach dem Motto: „Nehmen Sie mir die Last von den Schultern und lösen Sie das Problem für mich, ich bin dafür zu schwach!", wird damit die Verantwortung für das eigene Handeln an den Berater abgegeben. Das mag in manchen Bereichen adäquat sein, z.B. in einer Rechtsberatung, einer Wohnungs-beratung, einer Berufsberatung, etc. Diese Haltung kann immer dann angebracht erscheinen, wenn es um Wissen und Expertise geht. Führt die Beratung allerdings nicht zum gewünschten Ziel, so liegt die Verantwortung dafür beim Experten. Diese beklagen sich dann gerne über die angebliche „Beratungsresistenz" ihrer Klienten. Der Preis, den der Klient dafür bezahlt ist hoch: das Problem besteht unter Umständen weiter, es verfestigt sich sehr oft sogar noch und es entsteht ein Verhältnis der Abhängigkeit und Unselbstständigkeit. Beim nächsten auftretenden Problem wird diese Person höchst wahrscheinlich wieder nicht auf die eigene Selbstgestaltung setzen, sondern abermals um Hilfe und Unterstützung durch „besserwissende" Außenstehende bitten.

Für die Beratenden kann die Experten-Beratung ein Vorteil sein, aus meiner Sicht ist das aber nur ein Schein-Vorteil. Sie bietet zweifellos die Möglichkeit, die eigene Expertise dokumentieren zu können: „Seht her, ich kann was, ich weiß was!". Die Schattenseite davon ist aber, dass die Klienten nicht in die Lage versetzt werden, von behandelten Objekten zu handelnden, sich selbst steuernden Subjekten zu werden. Das autoritäre „Oben-Unten-Verhältnis" bleibt erhalten.

Oftmals bringt diese Haltung für den Berater auch einen großen Druck, für alle Probleme eine Lösung parat haben zu müssen. Schließlich ist er ja der Experte. Bei konsequenter Anwendung dieser Haltung steigt damit auch das Burnout-Risiko für den Berater.

## b) Arzt-Patienten-Haltung

Die Arzt-Patienten-Haltung ist eine noch einmal verstärkte Form der Experten-Haltung. Hier agiert der Experte nach dem Motto: „Ich weiß, was Ihr Problem ausgelöst hat, wie es sich momentan verhält und wie ich es lösen kann.". Zusätzlich zu den Problemen, die sich bereits aus der Experten-Haltung für die Berater ergeben, kommt hier noch erschwerend dazu, dass von ihnen der absolute, inhaltlich korrekte Überblick erwartet wird, ebenso wie die Kenntnis, wo genau der Hebel zur Problemlösung anzusetzen ist. Der Experte ist also für die korrekte Diagnose ebenso wie für die richtige Lösung verantwortlich. Ich denke, ich muss an dieser Stelle nicht weiter ausführen, dass ich diese Haltung in der Arbeit mit Hypnose und Trance für völlig ungeeignet halte.

## c) Coaching-Haltung

Die Coaching-Haltung setzt auf einen ganz anderen Zugang. Aus der Erkenntnis heraus, dass jeder Mensch selbst der beste Spezialist für das eigene Leben ist, belassen Coaches die Problemlösung dort, wo das Problem entstanden ist: beim Klienten. Selbstverständlich ist auch hier der Coach in seiner Tätigkeit Experte, allerdings ausschließlich für den Prozess, nicht für die inhaltliche Lösung an sich. Das hat den Vorteil, dass der Coach nicht ständig dem Druck ausgesetzt ist, neue Ideen und Wege für die Problemlösung finden zu müssen. Gelingt das nicht, schwindet in der Regel beim Coach das Vertrauen in die eigene Kompetenz. Oder es kommt zu frustrierenden Erfahrungen, weil die Klienten mangels Identifizierung mit der vermeintlichen Lösung diese nicht umsetzen.

Es gibt aber noch einen zusätzlichen, positiven Aspekt, der für die konsequente Coaching-Haltung spricht: sie erleichtert es, emotional Abstand zu halten, denn sie macht sich die Probleme der Klienten nicht zu eigen. Es hilft den Klienten nichts, wenn wir mitleiden. Stattdessen setzen Sie auf Empathie und Verständnis für die Situation und Notlage.

Lassen Sie mich an dieser Stelle kurz auf den Unterschied zwischen Mitleid und Mitgefühl näher eingehen. Stellen Sie sich einmal vor, Sie hören bei einem Spaziergang plötzlich einen Hilferuf. Sie gehen diesem nach und entdecken eine tiefe Grube, in die ein Mensch gestürzt ist und aus der er sich offensichtlich allein nicht befreien kann. Sie helfen diesem Menschen nicht, wenn Sie nun ebenfalls in diese Grube springen und damit sogar Gefahr laufen, sich dabei selbst zu verletzen. Ja, sie können nun gemeinsam um Hilfe schreien und gemeinsam leiden, aber geholfen haben Sie damit nicht.

Andererseits könnten Sie aber auch eine kleine Hilfestellung geben, wie zum Beispiel eine Leiter holen, damit der Verunglückte selbst aus der Grube klettern kann. Wenn dies nicht gelingt, könnten Sie professionelle Hilfe anfordern. Schließlich können Sie mit dem Verunglückten mitfühlen, ohne dabei mitzuleiden. Ähnlich verhält es sich bei der Arbeit mit Klienten. Wenn Sie selbst mehr weinen als Ihr Klient, dann läuft irgendetwas falsch. Und zwar gehörig falsch.

Auf der Klienten-Seite bewirkt die konsequente Coaching-Haltung, dass die Selbstgestaltung wieder zum Tragen kommt und das Selbstbewusstsein gestärkt wird. Verantwortung und „Ruhm" für die Lösungsfindung bleiben bei Ihrem Klienten. Zusätzlich bringt die Coaching-Haltung für den Klienten auch einen Lerneffekt für zukünftige Probleme. Das nutzen wir bei der Arbeit mit *Transformativer Trance*®.

# Das Phasenmodell der Transformativen Trance

Die *Transformative Trance*® ist ein strukturierter Dialog, der sich in fünf Phasen gliedert und eine sich selbst regulierende Trance generiert. Diese ermöglicht es dem Klienten, mentale Blockaden zu lösen, belastende Emotionen loszulassen und wieder in authentischen Kontakt mit seinen Gefühlen zu kommen. Der Klient erlebt dadurch, dass die Lösung in ihm und aus ihm heraus entsteht. Das ermöglicht ihm die Lösung als solche auch wahr- und anzunehmen und in sein Leben zu integrieren. Diese Erfahrung stabilisiert den Klienten bei der Bewältigung zukünftiger Probleme.

Zugleich stellt das Phasenmodell eine klare Orientierungshilfe für den Begleiter dar, der dadurch immer genau weiß, an welcher Stelle im Prozess er sich gerade befindet und welcher Schritt der nächste ist.

**Die 5 Phasen:**

1) Information
2) Exploration
3) Abreaktion
4) Transformation
5) Integration

Bevor wir uns die 5 Phasen im Detail anschauen, gebe ich im Folgenden einen kurzen Überblick darüber.

## Phase 1: Information

Diese erste Phase dient im Wesentlichen dazu, Vertrauen aufzubauen und das Anliegen so gut wie möglich zu erfassen. Sie ermöglicht ein erstes Kennenlernen. Oft kommen Menschen mit völlig überzogenen Erwartungen oder falschen Vorstellungen über die Arbeit mit Trance zu uns. Hier können wir schon von Beginn an Klarheit schaffen, falsche Vorannahmen beseitigen und aufklären. Ängste und Zweifel sind in unserer Arbeit die größten Gegner. Wenn wir diese mit einem guten Informationsgespräch zerstreuen, ist schon die halbe Miete gewonnen.

Hier klären wir auch eventuelle Kontraindikationen[17] ab. Bei welchen Personen und unter welchen Umständen sollten wir von einer Trancearbeit absehen? Hier gilt es neben den rechtlichen Einschränkungen auch gesundheitliche Faktoren zu beachten.

In der Informationsphase sammeln wir auch alle wichtigen Aspekte über das Anliegen des Klienten. Achten Sie im Gespräch auf spezielle Formulierungen, die Ihnen bereits gute Anhaltspunkte für die weitere Arbeit liefern können.

Wird in dieser Phase sauber gearbeitet, so haben Sie nicht nur alle wesentlichen Aspekte und Informationen

---

17 *Eine Kontraindikation (lat. contra „gegen" und indicare „anzeigen") ist ein Umstand, der gegen die Trancearbeit spricht, bzw. sie nur unter besonderen Umständen oder nur unter strenger Abwägung zulässt.*

erfasst, sondern damit auch bereits eine leichte (Problem-)Trance induziert. Das ist unser Startpunkt. Erklären Sie Ihrem Klienten Ihre Vorgangsweise, halten Sie sich dabei aber inhaltlich möglichst zurück. Jede Information, die Sie dabei zu viel geben, kann das Ergebnis der Arbeit beeinflussen.

Meiner Erfahrung nach ist es wichtig, den Klienten über mögliche (tatsächlich sogar erwünschte) Abreaktionen[18] aufzuklären. Sichern Sie Verschwiegenheit zu, schaffen Sie eine vertrauensvolle Atmosphäre und ermuntern Sie Ihren Klienten dazu, sich selbst alle Gefühle, die im Laufe der Arbeit auftreten, zu erlauben.

Folgende Elemente sollte die Informationsphase beinhalten:

a) Rapport herstellen
b) Rechtliche Situation & Kontraindikationen abklären
c) Anliegen erfassen
d) Erwartungen klären, Ängste zerstreuen
e) Erlaubnis zum Fühlen

**Phase 2: Exploration**

Die Exploration dient der Erforschung und Verortung des Problems. In dieser Phase stellen wir dem Klienten gezielte Fragen, die der Klient ehrlich und intuitiv

---

18 Abreaktion = emotionale Entladung, wenn der Klient mit seinen Gefühlen intensiv in Kontakt kommt. Oft gekoppelt mit heftigen körperlichen Reaktionen.

beantworten soll. Wichtig ist dabei, dass die Antworten ad hoc kommen, so dass der kritische Verstand keine Gelegenheit hat, die auftauchenden Bilder, Emotionen, Erinnerungen und körperlichen Empfindungen en zu analysieren. All das geschieht spontan, alles was sich hier zeigen will, hat in dieser Phase die Erlaubnis und Möglichkeit dazu. Vertrauen Sie darauf, dass das Unterbewusstsein Ihren Klienten schützt, und sich wirklich nur das zeigt, was der Klient derzeit verarbeiten kann. Durch spezielle Formulierungen unter-stützen Sie das Unterbewusstsein Ihres Klienten dabei, die richtigen Dinge an die Oberfläche zu bringen, während anderes, was derzeit noch nicht reif für die Verarbeitung ist, weiterhin dem bewussten Verstand verborgen bleibt.

Die Grundlage dafür bilden die Symptome, die Ihnen Ihr Klient in Phase 1 bereits beschrieben hat. Das können negativ erlebte Gefühle, unangenehme Situationen, wieder-kehrende Träume, dem Alter nicht adäquates Verhalten, Ängste oder Selbstzweifel sein.

Oft gibt es auch ein klar erinnertes AE (Activating Event = Aktivierendes Ereignis) und die damit verbundenen Emotionen und körperlichen Empfindungen. All das dient Ihrem Klienten als Affektbrücke zum Ursprung des Problems, dem ISE (Initial Sensitizing Event = Auslösendes Ereignis), das sich meiner Erfahrung nach ziemlich schnell zeigt. Dies führt dann meist von selbst zu körperlichen und emotionalen Abreaktionen. Treffen Sie hier auf Blockaden, so können Sie diese mit gezielten Fragen umgehen oder vielleicht sogar auflösen.

In dieser Phase ist es für Ihren Klienten wichtig, dass Sie Ruhe und Sicherheit vermitteln. Zeigen Sie Interesse und Verständnis, bleiben Sie durchaus neugierig, verlieren Sie sich dabei aber nicht in Details.

## Phase 3: Abreaktion

Kommt der Klient in Trance mit seinen (aufgestauten, abgespaltenen oder unterdrückten) Gefühlen in Kontakt, so führt dies in der Regel zu einer unmittelbaren Reaktion, der sogenannten Abreaktion. Diese Abreaktion kann unter-schiedlich intensiv sein und sich in heftigem Weinen, Schütteln, Zittern, Zerren oder Anspannungen äußern. Wichtig ist hier, dass der Prozess nicht unterbrochen wird, auch wenn er auf Ungeübte oder Außenstehende unangenehm oder sogar beängstigend wirken kann. Wer sieht anderen Menschen schon gerne beim Weinen zu?

Die meisten Menschen sind es nicht gewöhnt, einen so intensiven Zugang zu ihren Gefühlen zu erleben. Entweder verbieten sie sich das selbst oder es wurde ihnen von ihrem sozialen Umfeld, der Gesellschaft, etc. verboten, diese Gefühle zuzulassen. *„Männer weinen nicht", „Reiß dich endlich zusammen"*, oder *„Übertreibe doch nicht so"*, sind nur einige unbedachte Sätze, die bei uns ihre Spuren hinterlassen können. In dieser Phase ist es von außerordentlicher Wichtigkeit, dass sich der Klient selbst die Erlaubnis gibt, seine Gefühle in der Intensität und Authentizität zu fühlen, die notwendig sind, um sie zu verarbeiten. Wir ermuntern und bestärken ihn dabei und achten gleichzeitig darauf, dass sich der Klient jederzeit sicher, stabil und geborgen fühlt.

Während dieses Prozesses werden im Gehirn genau jene Nervenverbindungen reaktiviert, die bei der ursprünglichen Entstehung des Gefühls verknüpft wurden. Diese Nervenbahnen wurden zu späteren Gelegenheiten und in unter-schiedlichen Situationen danach zwar immer wieder getriggert (=ausgelöst), die Energie, die sich hierbei gesammelt und aufgestaut hat, konnte jedoch nicht abgebaut bzw. transformiert werden. Durch die gezielte Abreaktion vollzieht sich dieser Prozess nun kontrolliert und es erschöpft sich das belastende Gefühl. Der Klient erfährt dadurch bereits in Trance eine erste Erleichterung.

**Phase 4: Transformation**

Der Übergang von der Abreaktion zur Transformation ist fließend. Im Mittelpunkt unserer Intervention steht hier die konkrete Veränderungsarbeit, die sich anhand der Veränderungen der Submodalitäten[19] und den damit verbundenen Körperempfindungen auch für den Klienten selbst nach-vollziehen lässt. Sehr oft berichten Klienten an dieser Stelle, dass sie die Veränderung sowohl mental als auch körperlich deutlich spüren können. Das kann sich u.a so äußern, dass ein zuvor wahrgenommener Druck plötzlich leichter wird oder ganz verschwindet. Mit dem ursprünglichen Gefühl assoziierte Farben können sich ebenso verändern, wie Formen oder Materialien (z.B. das Gefühl, einen großen Stein im Magen zu haben, der sich nun ganz klein und weich anfühlt oder

---

*19 Unterkategorien oder -eigenschaften unseres Repräsentationssystems (= unsere 5 Sinne)*

vielleicht sogar ganz verschwunden ist). Auch von wahrgenommenen „Aufhellungen" ist oft die Rede.

Möglich ist auch, die ursprünglich auslösende Situation nun mit veränderten (angepassten) Bedingungen noch einmal zu durchleben und in Trance eine adäquate Reaktion darauf zu finden. Das Ziel ist Harmonisierung und letztlich Versöhnung mit sich selbst und mit anderen, um so inneren Frieden zu finden. Vertrauen Sie auch hier darauf, dass das Unterbewusstsein Ihren Klienten schützt und alles seine Richtigkeit hat, auch wenn der kritische Verstand vielleicht Schwierigkeiten damit hat, zu erkennen, was die Veränderung einer Farbe oder eines Materials mit der Lösung eines Problems zu tun hat. Unser Unterbewusstsein kommuniziert häufig mittels Metaphern und verarbeitet auf diese Weise Eindrücke. Wenn auf dieser Ebene Probleme entstehen können, dann sind sie hier auch lösbar.

**Phase 5: Integration**

Nachdem Ihr Klient nun diesen Veränderungsprozess durchlaufen hat, müssen die neuen Erfahrungen in sein Leben integriert werden. Lassen Sie ihn das nun erreichte, neue Gefühl intensiv erleben. Sprechen Sie dabei möglichst alle Sinneskanäle an (VAKOG[20]). Wie genau nimmt Ihr Klient die Veränderung nun wahr? Was sieht er, hört er, fühlt er nun? Optimalerweise findet Ihr Klient auch ein passendes Objekt oder Symbol, vielleicht auch eine wohltuende Farbe oder einen stärkenden

---

20 VAKOG: V = visuell (sehen), A = auditiv (hören), K = kinästhetisch (fühlen), O = olfaktorisch (riechen), G = Gustatorisch (schmecken)

Satz. Was auch immer das Unterbewusstsein an dieser Stelle schickt, nimmt der Klient an, ohne es weiter zu hinterfragen oder gar gemeinsam mit Ihnen zu analysieren.

Unterstützen Sie ihn dabei, diese neuen Eindrücke zu verankern. Das ist die einzige Phase im gesamten Prozess, in der Sie mit direkten Suggestionen arbeiten können. Dadurch verstärken Sie die Transformation.

Abschließend können Sie Ihren Klienten noch einmal auf das ursprüngliche Problem ansprechen. Was ist jetzt konkret anders? Wie fühlt sich das Problem jetzt an? Lassen Sie ihn auch einen Blick in die Zukunft werfen. Wie und woran wird er, aber auch sein Umfeld, die Veränderung bemerken? Spricht irgendetwas gegen diese Veränderung? Wenn ja, was ist demnach zu tun?

## Phase 1: Information

Diese erste Phase sollte auf keinen Fall unterschätzt werden. Wenn es Ihnen nicht gelingt, echten Rapport mit Ihrem Klienten herzustellen, ist die Arbeit von Anfang an zum Scheitern verurteilt. Um diese möglichst produktiv und konstruktiv zu gestalten, empfehle ich folgende Vorgangs-weise:

### a) Rapport herstellen

*„Nicht dass die Menschen verschieden sind, ist gut, sondern dass sie gleich sind. Die Gleichen gefallen sich. Die Verschiedenen langweilen sich."*
- Bertolt Brecht, Geschichten vom Herrn Keuner

Am Beginn unserer Arbeit stehen der Rapport[21], bzw. die Kontaktaufnahme und der Beziehungsaufbau. Der Beziehungsaufbau ist nicht nur beim ersten Gespräch wichtig, sondern auch am Anfang jeder einzelnen Einheit.

**Achten Sie dabei darauf, dass Sie:**

- einen Dialog führen, keinen Monolog!
- eine vertrauensvolle Arbeitsbeziehung herstellen!
- auf Fragen Ihres Klienten gewissenhaft eingehen!
- Ihre Qualifikation, Arbeitsweise und Methode transparent darstellen!
- Kompetenz und Authentizität ausstrahlen!

---

21 *Rapport = franz. „Beziehung, Verbindung". Die erste Verwendung des Begriffs in Bezug auf Hypnose und Trance wird auf Franz Anton Mesmer zurückgeführt.*

**Unterstützend kann dabei sein:**

Pacen:[22] Die meisten Menschen fühlen sich in der Anwesenheit von anderen Menschen wohl, die ein ähnliches Verhalten zeigen wie sie selbst. Ganz unbewusst, von alleine, stellen wir uns auf die Welt des Anderen ein, wenn wir uns wohl fühlen, um so ein Stück des Weges gemeinsam zu gehen. Um Rapport herzustellen, müssen Sie zuerst eine Brücke zu Ihrem Gesprächspartner bauen. Diesen Brückenschlag ermöglichen Sie über das „Pacen". Vielleicht ist Ihnen dieser Vorgang auch unter der früheren Bezeichnung „Spiegeln" bekannt. Wenn Sie Pacen, senden Sie auf der unbewussten Ebene die Botschaft an Ihren Klienten: „da bemüht sich jemand, mich zu verstehen."

Verbales Pacen: Hier können Sie z.B. die Wortwahl, das Sprechtempo, die Lautstärke, die Klangfarbe und Lieblingsausdrücke Ihres Klienten übernehmen. Achten Sie auf spezielle Formulierungen, die einen Hinweis darauf geben, welche Werte Ihrem Klienten wichtig sind, woran er glaubt, ob er überhaupt an etwas glaubt, etc. Wenn Sie diese Redewendungen und Formulierungen ganz beiläufig selbst gebrauchen, zeigen Sie nicht nur Interesse und Aufmerksamkeit, sondern vermitteln damit auch, dass Sie auf einer Wellenlänge mit Ihrem Klienten liegen. Vergessen Sie dabei aber nicht Ihre Authentizität und bleiben Sie sich selbst treu.

---

22 Pacen = engl. to pace = schreiten, gleichschreiten, einhergehen

<u>Nonverbales Pacen:</u> Auch die Körpersprache lässt sich pacen. Sie können die Festigkeit des Händedrucks, die Körperbewegungen, bis hin zur Frequenz des Lidschlags oder der Atmung übernehmen. Gutes Pacing führt zu einem vertieften Rapport. Wichtig dabei ist, dass Sie Ihr Gegenüber keinesfalls nachahmen. Pacing sollte möglichst elegant und respektvoll erfolgen. Smalltalk kann durchaus sinnvoll sein, um Ihren Klienten erst einmal ankommen und Luft holen zu lassen. Bedenken Sie dabei aber, dass Ihr Klient mit einem konkreten Anliegen zu Ihnen kommt und Ihnen in der Regel Geld dafür bezahlt, damit Sie ihn bei der Lösung unterstützen. Nutzen Sie den Smalltalk deshalb als Einstiegshilfe ins Gespräch, überstrapazieren Sie ihn jedoch nicht. Dafür ist die Zeit zu wertvoll. Wenn überhaupt, dann findet der Smalltalk nur in dieser ersten Phase statt, danach nicht mehr! Lassen Sie sich auch am Ende der Sitzung nicht zu einer oberflächlichen Plauderei verleiten. Wenn Ihr Klient die Praxis verlässt, so soll er einen klaren Fokus auf die Veränderung haben. Die Trance wirkt dabei noch eine Weile nach und soll sich ohne Ablenkung entfalten können.

**Auf den optimalen Rahmen kommt es an!**

Ob es zu einer vertrauensvollen Beziehung zwischen Ihnen und Ihrem Klienten kommt, hängt auch von den Rahmen-bedingungen ab, die Sie schaffen. Ein professioneller Rahmen verlangt:

- wenn möglich, eigene Praxisräume
- eine ungestörte, ruhige Atmosphäre
- adäquate Sitz- bzw. Liegemöglichkeiten

- eventuell Getränke

Gerade am Beginn ihrer Tätigkeit neigen viele Trance-Coaches dazu, sich zu Hause Räumlichkeiten für die Arbeit zu adaptieren. Ein Zimmer ist dafür schnell gefunden, und wenn keines vorhanden ist, darf es oft auch das eigene Wohnzimmer sein. Ich rate davon ab! Zu einem professionellen Rahmen gehören auch geeignete Räumlichkeiten. Diese müssen nicht groß, aber jedenfalls zweckmäßig sein. Die Vermischung von Privat- und Arbeitsbereich wirkt auf Ihren Klienten unprofessionell. In Privaträumen lässt es sich kaum vermeiden, dass Ihr Klient mit persönlichen Gegenständen, Familienfotos, Bildern, etc. konfrontiert wird. Das lenkt ihn ab. Ein professioneller Arbeitsbereich sollte deshalb so nüchtern wie möglich, aber so gemütlich wie nötig gestaltet sein. Ihr Klient soll sich auf die Lösung seiner Probleme fokussieren und sich gleichzeitig dabei wohl fühlen können.

Förderlich ist hier sicherlich auch eine ruhige, störungsfreie Umgebung. Sorgen Sie dafür, dass die Arbeit in einem Umfeld stattfindet, das eine angenehme Ruhe gewährleistet, übertreiben Sie es dabei aber auch nicht.

Bei der *Transformativen Trance*® haben Störungen von außen ohnehin kaum einen Einfluss, da die Wahrnehmung komplett nach innen gerichtet ist.

Bieten Sie Ihrem Klienten angenehme, stabile Sitz- oder Liegemöglichkeiten. Bei Entspannungstrancen empfehle ich gemütliche Liegen. *Transformative Trance*® können Sie ohne weiteres auch auf einem normalen Sessel begleiten. Allerdings rate ich auch hier dazu, für ausreichende Stabilität zu sorgen, da es durch die Abreaktionen zu heftigen körperlichen Aktivitäten kommen kann und Sie wollen doch sicher nicht, dass Ihr Klient vom Sessel rutscht!

Damit sich Ihr Klient wohl fühlt, können Sie auch etwas zu trinken bereitstellen, halten Sie sich mit dem Angebot aber zurück. Klares, frisches Wasser reicht in der Regel. Vermeiden Sie vor der Trance Kaffee oder Tee anzubieten, um die Trancefähigkeit nicht unnötig zu erschweren. Und auch wenn Ihnen das vielleicht seltsam vorkommt: bitten Sie Ihren Klienten vor der Trance, noch einmal die Toilette aufzusuchen, damit die Suggestion „und alles fließt..." nicht versehentlich missverstanden werden kann.

Sind Sie Ihrem Klienten noch nicht bekannt und vertraut, ist eine kurze Selbstpräsentation Ihrerseits ratsam. Sofern Sie darüber verfügen, präsentieren Sie Ihre Zertifikate und Diplome in einem angemessenen Rahmen. Bedenken Sie aber, dass es dabei nicht um die Befriedigung Ihrer Eitelkeit geht, sondern Ihrem Klienten der Eindruck vermittelt werden soll, dass er sich in guten, qualifizierten Händen befindet. Beantworten Sie deshalb von sich aus schon beim ersten Kontakt folgende Fragen:

- Was qualifiziert Sie als Trance-Coach?
- Was ist Ihre Rolle und Ihre Ethik als Trance-Coach?
- Wie und mit welchen Methoden arbeiten Sie?
- Was können Sie als Trance-Coach leisten und was nicht?

## b) Rechtliche Situation und Kontraindikationen

Gestatten Sie mir kurz ein paar Zeilen zur rechtlichen Situation (in Österreich und Deutschland), bevor ich zu den wichtigsten Kontraindikationen komme. Grundsätzlich gilt: Bitte beachten Sie, dass Sie Ihre rechtlichen Befugnisse nicht überschreiten! Wenn Sie über keine medizinische und/oder psychotherapeutische Ausbildung und Befugnis verfügen, dürfen Sie keinesfalls Diagnosen stellen, oder Behandlungen und Therapien durchführen.

Stellen Sie in diesem Fall für Ihren Klienten unmissverständlich klar, dass Sie keine Krankheiten diagnostizieren oder heilen und machen Sie auch keinerlei Heilversprechen. Ich empfehle, sich diese Information von Ihrem Klienten im Vorhinein unterschreiben zu lassen. Schaffen Sie sich ein gutes Netzwerk von Medizinern und Therapeuten, die Sie Ihren Klienten gegebenenfalls vertrauensvoll weiter-empfehlen können.

Wenn Sie sich nicht sicher sind, ob das Problem Ihres Klienten in Ihrem Befugnisbereich liegt, informieren Sie sich, ob es im ICD[23] gelistet ist. Eine Möglichkeit dazu bietet die Seite http://www.icd-code.de. Ohne Heilerlaubnis oder entsprechende medizinische Befugnis gilt in diesem Fall: Hände weg!

In Österreich kommt zusätzlich noch die gesetzlich geschützte Tätigkeit des Coachings dazu, die im Bereich

---

23  ICD = Englisch: International Statistical Classification of Diseases and Related Health Problems. Deutsch: Internationale statistische Klassifikation der Krankheiten und verwandter Gesundheitsprobleme. Herausgegeben von der Weltgesundheitsorganisation.

der psychologischen Beratung ausschließlich Diplom-Lebens- und Sozialberatern vorbehalten ist. Es gibt jedoch im Bereich der Trancearbeit auch jede Menge Anwendungsgebiete und Möglichkeiten jenseits des therapeutischen und psychologisch-beratenden Spektrums. Ich empfehle Ihnen, sich in Ihrem jeweiligen Tätigkeitsbereich und Ihrer Region genau über die gesetzliche Lage zu informieren. Diese ist, trotz EU, von Land zu Land unterschiedlich.

## Kontraindikationen

Bei Kontraindikationen handelt es sich um besondere Umstände, unter denen die Arbeit mit Trance nicht oder nur unter Berücksichtigung besonderer Vorsichtsmaßnahmen durchgeführt werden sollte.

### Zu den wichtigsten Kontraindikationen zählen:

### Sehr niedriger Blutdruck

In der Trance sinkt der Blutdruck in der Regel. Das muss aber nicht unbedingt weiter problematisch sein, da der Blutdruck ein gewisses (lebenswichtiges) Minimum auch während der Trance nicht unterschreitet. Zumindest sind bis dato keine derartigen Fälle bekannt. Zu niedriger Blutdruck fördert jedoch die Tendenz einzuschlafen und das wäre schade. Achten Sie auch darauf, Ihrem Klienten nach der Trance genügend Zeit zur Reorientierung und Stabilisierung zu geben, insbesondere, wenn er sich danach noch im Straßenverkehr bewegen wird oder eine andere Tätigkeit verfolgt, die seine Vigilanz[24] erfordert.

## Epilepsie

Obwohl bestimmte Formen der Hypnose und Trance bei der Behandlung von Epilepsie unter Umständen sogar nützlich sein können, besteht dennoch die Gefahr, dadurch einen Anfall auszulösen. Wenn Sie hier nicht über die notwendige medizinische Kompetenz verfügen, empfehle ich Ihnen dringend, Epilepsie als Ausschlussgrund für Hypnose und Trance zu betrachten.

## Psychosen

Die Wirkung von Hypnose und Trance auf Menschen mit Psychosen ist nur schwer abschätzbar und kann schlimmstenfalls auch eine Verschlechterung des Zustands herbeiführen. Selbst in einem klinischen Umfeld wäre das nicht unproblematisch.

## Persönlichkeitsstörungen

Persönlichkeitsstörungen fallen klar in den Bereich der psychischen Störungen und dürfen ausschließlich von medizinisch-therapeutischem Personal behandelt werden. Auch hier gilt, dass Hypnose und Trance zwar stabilisierend wirken können, eine Heilungschance aber wenig erfolgsversprechend ist.

---

*24 Vigilanz = Wachsamkeit, Aufmerksamkeit*

## Diabetes

Da das menschliche Gehirn in Trance mehr Glukose verbraucht, kann es zu einem Abfall des Zuckerspiegels kommen. Wenn ein Klient, der an Diabetes leidet, darauf im Vorhinein aufmerksam gemacht wird, kann er sich in der Regel gut darauf einstellen und vorbereiten.

## Depressionen

Bei einigen Formen der Depression kann der Zustand hypnotischer Trance das Krankheitsbild sogar weiter verschlechtern. Da durch die Trance bestimmte Regionen im Gehirn beruhigt werden, kann bei einer Depression, deren zentrales Problem häufig die Unteraktivierung bestimmter Hirnregionen ist, der krankheitswertige Zustand noch verstärkt werden. Die Trance kann also für depressive Menschen, unabhängig von der Intention, kontraproduktiv wirken. Grundsätzlich gilt auch hier: Depressive Menschen sind krank und benötigen kompetente, therapeutische Hilfe.

## Psychopharmaka

Psychopharmaka sind Medikamente, die bestimmte Prozesse im Gehirn der Patienten chemisch beeinflussen und verändern. Sie können, je nach Präparat, Gehirnregionen und -aktivitäten stimulieren oder hemmen, fördern, bremsen oder ganz blockieren. Damit verändert sich auch die normale Reaktion des Gehirns auf Hypnose und Trance. Der Klient kann entweder stärker, schwächer oder gar nicht auf die Trance reagieren. Möglicherweise reagiert er auch völlig unvorhersehbar. Weiters kann sich die Wirkung seiner Medikamente durch Hypnose und Trance verstärken oder abschwächen, was natürlich gesundheitsbeeinträchtigende Folgen haben kann. Um dieses Risiko zu vermeiden, empfehle ich dringend, in diesen Fällen von Trancearbeit abzusehen.

## Herzinfarkt, Schlaganfall, Thrombose

Trance hat zumeist eine sehr entspannende Wirkung und diese kann eine Weitung der Blutgefäße zur Folge haben. Dadurch besteht die Gefahr, dass sich ein Gerinnsel löst und eine lebensbedrohliche Embolie verursacht. Während bei einem Herzinfarkt oder einem Schlaganfall Hypnose und Trance nach einiger Zeit die Rehabilitation sogar unterstützen kann, gilt diese bei einer Thrombose als lebensgefährlich und damit als absolute Kontraindikation.

Nehmen Sie Kontraindikationen ernst! Machen Sie es sich für Ihre Arbeit mit Klienten zu einem festen Grundsatz, lieber auf einen Kunden zu verzichten, als Schäden für Ihre Klienten oder für sich selbst zu riskieren! Kurpfuscherei ist nicht nur unverantwortlich und gefährlich, sondern auch strafbar!

## c) Anliegen erfassen

Einen zentralen Stellenwert in Phase 1 nimmt das Erfassen des Anliegens ein. Geben Sie Ihrem Klienten ausreichend Zeit, um sein Problem darstellen zu können. Achten Sie dabei aber darauf, dass er nicht abschweift. Sobald „Nebel in Ihrem Kopf" entsteht, stoppen Sie ihn höflich und bitten um Präzisierung. Scheuen Sie sich nicht davor nachzufragen, wenn Sie etwas nicht verstehen. Es ist wichtig, dass Sie so gut wie möglich erfassen können, was Ihren Klienten bewegt. Wenn Ihr Klient mit so vielen Problemen behaftet ist, dass er gar nicht weiß, womit er beginnen soll, fragen Sie ihn, was aktuell am meisten drängt. Sie können unmöglich alle Probleme auf einmal lösen. Womit soll und kann also heute begonnen werden?

**Mögliche Fragen zur Informationssammlung:**

- Worum handelt es sich bei dem Problem?
- Seit wann besteht es?
- Wie genau äußert es sich?
- Wer ist davon noch betroffen?
- Gibt es auch Ausnahmen, Situationen oder Zeiten, in
-  denen das Problem nicht auftritt?
- Spüren Sie das Problem auch irgendwo im Körper?
- Haben Sie dabei ein Gefühl von Enge, Schwere, Druck?
- Welche Gefühle sind damit noch verbunden?
- Was wäre anders, wenn das Problem gelöst wäre?
- Wie würde sich das auf Ihr Leben konkret auswirken?

- Wie würden andere Menschen bemerken, dass sich bei Ihnen etwas verändert hat?
- Was wäre dann möglich?
- Was würde sich damit noch verändern?

Mit den letzten fünf Fragen führen Sie Ihren Klienten schon langsam weg von der Problemorientierung hin zur Lösungs-fokussierung.

<u>Keine Hypothesen!</u> Gerade in der ersten Phase ist es für Sie besonders wichtig, keine vorschnellen Schlüsse zu ziehen. Machen Sie sich bewusst, dass Sie in Ihren Klienten nicht „hineinschauen" können. Sie werden deshalb niemals exakt wissen, was Ihren Klienten bewegt, was er fühlt und wie sehr er unter seinem Problem leidet. Wenn Sie bereits geübt sind, wird es Ihnen leichter gelingen, auftauchende Hypothesen wie „herumflatternde Vögel" zu betrachten, die um Ihren Kopf kreisen. Passen Sie auf, dass sie kein Nest in Ihrem Kopf bauen und sich dort festsetzen. Vielleicht hilft Ihnen dabei diese alte Zen-Geschichte:

**Die leere Tasse**

*Eines Tages kam ein Schüler zum Meister. Er hatte schon so viel von dem weisen Mann gehört, dass er unbedingt bei ihm studieren wollte. Er hatte alle Angelegenheiten geregelt, sein Bündel geschnürt und war den Berg hinauf gekommen, was ihn zwei Tage Fußmarsch gekostet hatte.*

*Als der junge Mann beim Meister ankam, saß dieser im Lotussitz auf dem Boden und trank Tee. Der junge Mann begrüßte den Meister überschwänglich und erzählte ihm, was er schon alles gelernt habe. Dann bat er ihn, bei ihm weiterlernen zu dürfen. Der Meister lächelte freundlich und sagte: "Komm in einem Monat wieder."*

*Von dieser Antwort verwirrt, ging der junge Mann zurück ins Tal. Er diskutierte mit Freunden und Bekannten darüber, warum der Meister ihn wohl zurückgeschickt hatte. Einen Monat später erklomm er den Berg erneut und kam zum Meister, der wieder Tee trinkend am Boden saß.*

*Diesmal erzählte der Schüler von all den Hypothesen und Vermutungen, die er und seine Freunde darüber hatten, warum er ihn wohl fortgeschickt hatte. Und wieder bat er ihn, bei ihm lernen zu dürfen. Der Meister lächelte ihn freundlich an und sagte: "Komm in einem Monat wieder."*

*Dieses Spiel wiederholte sich einige Male. Es war also nach vielen vergeblichen Versuchen, dass sich der junge Mann erneut aufmachte, um zu dem Meister zu gehen. Als er diesmal beim Meister ankam und ihn wieder Tee trinkend vorfand, setzte er sich ihm stumm gegenüber, lächelte und sagte nichts.*

*Nach einer Weile ging der Meister in seine Behausung und kam mit einer Tasse zurück. Er schenkte ihm Tee ein und sagte dabei: "Jetzt kannst Du hierbleiben, damit ich dich lehren kann. In ein volles Gefäß kann ich nichts füllen."*

*Ein achtsamer Trance-Coach befreit sich*
*von Vorannahmen und Hypothesen!*

Denken Sie an diese Metapher, wenn Sie bemerken, dass die Vögel um Ihren Kopf herum zu kreisen beginnen. Hilfreich ist es auch, sich folgende Sätze gut einzuprägen:

- „Ich weiß nichts!"
- „Ich will nichts!"

Sie wissen nicht, was in Ihrem Klienten wirklich vorgeht. Also fragen Sie nach, aber hüten Sie sich vor Vermutungen. Und nehmen Sie tunlichst davon Abstand, irgendetwas für Ihren Klienten zu wollen, was dieser nicht selbst oder noch nicht will. Die Lösung muss immer vom Klienten selbst kommen, nur dann kann sich die Transformation verwirklichen. Sie können sich darauf verlassen, dass sie auch wirklich kommt, wenn Sie den Prozess ruhig und sauber begleiten und den entsprechenden Rahmen dafür bieten.

### d) Erwartungen klären, Ängste zerstreuen

Unabhängig davon, ob ein Klient bereits Erfahrungen mit Hypnose und (bewusst erlebter) Trance gesammelt hat oder nicht, bringt er eine gewisse Erwartungshaltung mit. Hat er bereits früher eine entsprechende Erfahrung gemacht, dann wird diese Erfahrung, je nachdem, ob sie positiv oder negativ gespeichert wurde, auch die Arbeit mit Ihnen beeinflussen. Wenn der Klient im Umgang mit Hypnose und Trance bereits erfahren ist, empfehle ich, diese Erfahrungen gut zu hinterfragen. Die Informationen, die Sie dabei sammeln, können für Ihre Arbeit außerordentlich nützlich sein.

Für Klienten mit Hypnose/Trance-Erfahrung eignen sich folgende Fragen:

- Wann haben Sie das letzte Mal mit Hypnose/Trance an
- der Lösung Ihrer Probleme gearbeitet?
- Was hat sich danach für Sie verändert?
- War diese Veränderung nachhaltig?
- Wie genau haben Sie die Hypnose/Trance damals erlebt?

- Gibt es eine Form der Einleitung/Vertiefung, auf die Sie besonders gut ansprechen?
- Welche konkreten Erwartungen haben Sie heute an mich/an unsere Zusammenarbeit?

Wenn Sie die Erwartungen des Klienten an Sie, aus welchem Grund auch immer, nicht erfüllen können oder wollen, dann kommunizieren Sie das klar und deutlich. Machen Sie keine falschen Hoffnungen oder Versprechen, die Sie nicht erfüllen können. Hüten Sie sich insbesondere vor Erfolgs-versprechen! Auch der beste Hypnotiseur/Heiler/Coach der Welt kann seriöser Weise keine Erfolgsgarantie geben. Erfolgreiche Hypnose und Trance ist immer das Ergebnis einer gelungenen Kooperation zwischen Ihrem Klienten und Ihnen. Auch wenn ich den einen oder anderen Leser jetzt vielleicht schwer enttäusche: Sie haben keine Macht über andere Menschen! Veränderung beginnt immer bei einem selbst. Die *Transformative Trance*® wurde entwickelt, um die Selbstheilungskräfte Ihrer Klienten zu aktivieren und ihre Selbstwirksamkeit wieder zu entfalten.

Sollten Sie, lieber Leser, ein interessierter Mensch und potenzieller Klient sein, der sich anhand dieses Buches über Hypnose und *Transformative Trance*® informiert und auf ihrer Suche auf einen Hypnotiseur treffen, der Ihnen das Blaue vom Himmel herab verspricht: dann nichts wie weg! Scharlatane gibt es auf der Welt schon genug.

Bei Klienten, die bisher noch keine eigene Erfahrung mit Hypnose/Trance gemacht haben, werden Sie höchst wahrscheinlich mit vielen falschen oder überzogenen

Erwartungen konfrontiert werden. Gerade Show- und Bühnenhypnosen haben das Bild von Hypnose und Trance nachhaltig geprägt. Die Angst, in Trance die Kontrolle über sich zu verlieren, ist oft auf diese Shows zurückzuführen, in denen Menschen auf der Bühne gackern, sich vor Publikum lächerlich machen und scheinbar willenlos allen Anweisungen des Hypnotiseurs folgen. All das ist Show und auch von den Teilnehmern so gewollt, sonst würden diese nämlich einfach nicht mitmachen. Gesunde, mündige Menschen sind nicht willenlos!

Es steht mir nicht zu, diese Form der Hypnose zu kritisieren, immerhin gehen viele Hypnose-Interventionen auf die Erfahrungen der Show- und Bühnenhypnose zurück. Allerdings halte ich diese Form der Hypnose mit unserer Arbeit für ethisch nicht vereinbar - trotz freiwilliger Beteiligung dieser Klientel!

Ein ethisch korrekter Trance-Coach versteht sich selbst als verantwortungsbewusster Begleiter an der Seite des Klienten. Er übernimmt die Verantwortung für den Prozess, während der Klient diesen Prozess mit Inhalt füllt, ihn zum Leben erweckt. Hier ist kein Platz für Fremdbestimmung. Stellen Sie das bereits im Erstgespräch unmissverständlich klar! Die Verantwortung für die Lösung liegt beim Klienten. Er allein hat die Macht, Veränderungen anzustoßen und zuzulassen. Ängste und selbst leichte Zweifel sind hier kontraproduktiv.

Falls Ihr Klient noch keine Hypnose-/Tranceerfahrung hat, dann klären Sie ihn bitte über Folgendes auf:

- Hypnose ist kein Schlaf!
- Er ist weder bewusstlos noch in irgendeiner Form hilflos!
- Er behält jederzeit die Kontrolle!
- Die Transformative Trance® setzt auf den Dialog!
- Er verrät in Trance keine Geheimnisse!
- Er bekommt alles, was gesprochen oder getan wird, mit!
- Er kann jederzeit die Augen öffnen!
- Er kann auch in Trance „Nein!" sagen!
- Er kann den Prozess jederzeit unterbrechen!
- Er kann jederzeit aufstehen und gehen!
- Sein Unterbewusstsein beschützt ihn!

Klären Sie Ihren Klienten weiters darüber auf, dass bei der *Transformativen Trance*® auf langwierige Trance-Einleitungen verzichtet wird. Über gezielte Fragen kommt der Klient unmittelbar in Kontakt mit seinem Unterbewussten. Wir können auf die sonst üblichen Einleitungen und Vertiefungen vollständig verzichten, weil sich die Trance ganz von selbst vertieft, sobald der bewusste Verstand einen Schritt zur Seite macht und das Unterbewusste übernimmt. All das geschieht mittels einer besonderen Form der Gesprächs-führung. Und dazu ist es notwendig, dass der Klient mit Ihnen klar und deutlich kommuniziert. Es versteht sich von selbst, dass allzu tiefe Trance für diesen Prozess nicht sinnvoll ist.

## e) Erlaubnis zum Fühlen

Hand aufs Herz: Wie fühlen Sie sich, wenn Sie vor anderen Menschen weinen müssen? Wenn Sie nicht zufällig Schauspieler sind oder aus anderen Gründen daran gewöhnt sind, wird Ihnen das wahrscheinlich unangenehm sein. Weinen ist mit einem Kontrollverlust verbunden und wer will das schon? Für die erfolgreiche Arbeit mit *Transformativer Trance*® ist der direkte, ungefilterte Zugang zu unseren Gefühlen aber die wichtigste Voraussetzung.

Emotionen, die nicht gefühlt werden können oder dürfen, kapseln sich vom „normalen" Gefühlsleben ab und laden sich mit Energie auf, die dann auf eine andere Art und Weise nach Möglichkeiten sucht, hervorzubrechen. Das führt meist zu völlig unangebrachten Reaktionen, die nur schwer zu kontrollieren sind. Stellen Sie sich einen Kochtopf vor, in dem alle Ihre unterdrückten Gefühle vor sich hin köcheln. Das Leben sorgt dafür, dass die Flamme ständig am Lodern gehalten wird und auch wenn Sie noch so stark den Deckel darauf halten, wird der Druck im Kochtopf in regelmäßigen Abständen steigen, wodurch sich der Deckel hebt, und Ihre Emotionen überkochen. Immer und immer wieder, und zwar so lange, bis Sie Ihre Aufmerksamkeit auf das Gefühl lenken, dass sich hier zeigen und empfunden werden will.

Um mit Gefühlen angemessen umgehen zu können, braucht es vor allem Folgendes: Raum, Zeit und Erlaubnis. Denken Sie beispielsweise an Trauer. Um den Verlust eines geliebten Menschen verarbeiten zu können, benötigen manche Menschen einige Monate, andere ein paar Jahre. Unabhängig von der individuellen Dauer der Trauerphase ist es notwendig, sie durchzustehen und auszuhalten. Trauer muss gefühlt werden dürfen, um darüber hinwegkommen zu können. Wird dieser Prozess unterbrochen oder nicht zugelassen, so kann er nicht vollendet und damit verarbeitet werden. Dann hält die Trauer an oder meldet sich ungewollt immer wieder zurück in unser Leben, und zwar so lange, bis wir sie uns endlich ein- und zugestehen.

*Ihr Klient sollte sich darauf verlassen können:*
*Sein Trance-Coach ist an seiner Seite!*

Neben dem notwendigen Raum und der Zeit, die es zur Bewältigung unserer Gefühle braucht, spielt auch der gesellschaftlich akzeptierte Umgang damit eine entscheid-ende Rolle. Unsere Gefühle brauchen die Erlaubnis, eine Weile da sein zu dürfen, wahrgenommen zu werden, um sich anschließend erschöpfen und transformieren zu können. Erst diese Erlaubnis zum Fühlen ermöglicht die Verarbeitung. Darum sind gut gemeinte Ratschläge wie *„Jetzt reiß dich doch endlich zusammen, so schlimm kann es doch nicht sein!"*, oder *„Mach doch nicht so ein Theater, wie lange willst du dich noch damit quälen?"*, kontraproduktiv. Sie beschneiden die Zeit, die es für die Verarbeitung braucht und richten aus meiner Sicht Schaden an.

Die Erlaubnis zum Fühlen ist deshalb ein wesentlicher Bestandteil der *Transformativen Trance*®. Sichern Sie Ihrem Klienten Verschwiegenheit zu. Schaffen Sie einen sicheren Rahmen und geben Sie den Gefühlen, die sich während des Prozesses zeigen, Raum, Zeit und die Erlaubnis, sich zeigen zu dürfen. Wenn Sie dies bereits im Vorgespräch und in der Informationsphase klarstellen, erleichtern Sie Ihrem Klienten den Zugang zu seinen Gefühlen und damit zur Trans-formation.

**Zusammenfassung der Informationsphase:**

  a) Rapport herstellen
  b) Rechtliche Situation und Kontraindikationen abklären
  c) Anliegen erfassen
  d) Erwartungen klären, Ängste zerstreuen
  e) Erlaubnis zum Fühlen

## Phase 2: Exploration

Durch die Informationsphase bringt sich Ihr Klient in der Regel selbst bereits in eine Problemtrance. Diese kann je nach Thema und individueller Belastung eher flach, mittel oder tief sein. In der Explorationsphase begeben wir uns nun auf die Suche nach einem Zugang zum Unterbewussten und forschen dann zügig weiter, sobald wir diesen gefunden haben.

Verlassen Sie sich darauf: der jeweilige Zugang wird Ihnen vom Klienten selbst gezeigt, indem er Ihnen einmal ganz offen, dann wieder eher verdeckt entsprechende Hinweise gibt. Der größte Fehler, den Sie in dieser Phase machen können, ist, diese Hinweise nicht wahrzunehmen und nicht darauf zu reagieren. Ich vergleiche das immer wieder gerne mit der Vorstellung, dass mir jemand freiwillig frische, saftige, knackige Äpfel anbietet, es aber an mir liegt, diese Äpfel zu bemerken und sie dann auch dankbar anzunehmen. Erinnerungen, Signalwörter, Phrasen, Glaubenssätze, Körperempfindungen und vor allem Gefühle sind solche Angebote, auf die es zu reagieren gilt. Sobald Ihnen diese Angebote bewusst geworden sind, werden Sie keine Schwierigkeiten mehr haben, Ihren Klienten schnell in Trance zu begleiten. Die Trance vertieft sich von selbst, wenn Sie den Hebel an der richtigen Stelle angesetzt haben. Vor allem Gefühle haben hier eine außergewöhnlich starke Wirkung. Deshalb hinterfragen wir bei allen angebotenen Erinnerungen, Signalwörtern, Glaubenssätzen, Körperempfindungen auch immer die damit verbundenen Gefühle. Diese Gefühle sind der Schlüssel zum Unterbewusstsein.

*Die Gefühle sind der Schlüssel zu unserem Unterbewusstsein.*

## a) Über Gefühle

Warum fühlen wir eigentlich? Wäre das Leben nicht viel einfacher ohne diese ganze Gefühlsduselei? Ich bin fest davon überzeugt, dass dem nicht so ist. Gefühle sind das Feedback unserer Seele. Woher wissen wir, dass uns etwas berührt, bewegt, erschüttert, trifft? - Durch das unmittelbare Gefühl, das bei uns dadurch entsteht. Gefühle sind etwas, das wir direkt, unmittelbar spüren, empfinden und bewusst wahrnehmen können. Sie finden immer einen körperlichen Ausdruck, genau deshalb fühlen wir sie auch. Nicht zu fühlen bedeutet, nicht in

Kontakt mit sich selbst und auch nicht mit anderen zu sein. Zu fühlen bedeutet, sich selbst zu erleben. Je mehr wir fühlen, desto lebendiger sind wir. Hören wir auf zu fühlen, verlieren wir unsere Lebendigkeit. Deshalb ist es nicht weiter von Bedeutung, ob wir diese Gefühle positiv oder negativ wahrnehmen, so seltsam das auch klingen mag. Tief in uns gibt es einen Bewusstseins-Anteil, der Gefühle als Nahrung für die Seele erlebt. Versiegt diese Nahrungsquelle, leidet auch unsere Seele entsprechend. Eric Berne[25], der Begründer der *Transaktionsanalyse*[26], prägte den Begriff „Stroke" als individuelle „Einheit der Anerkennung". „Stroke" hat in der englischen Sprache sowohl die Bedeutung „streicheln" als auch „Schlag". Bereits als Säugling benötigen wir Zuwendung durch andere und dadurch die Bestätigung, dass wir existieren. Wir hungern regelrecht nach diesen Bestätigungen. Das ist unter anderem eine Erklärung dafür, warum wir uns auch von negativ Erlebtem oft nicht so einfach lösen können. Im tiefsten Inneren stellt auch Negatives etwas für uns sicher, es lässt uns uns selbst erleben! Es gibt uns das Feedback, dass wir existieren. Nicht zu fühlen und dadurch die eigene Existenz nicht umfassend wahrzunehmen, wäre daher kontraproduktiv. Lassen Sie mich das anhand eines kurzen Beispiels erläutern:

---

25  *Eric Berne, * 1919, † 1970, kanadisch - US-amerikanischer Psychiater.*
26  *Die Transaktionsanalyse (TA) ist eine psychologische Theorie der menschlichen Persönlichkeitsstruktur.*

In meine Praxis kam eines Tages eine Frau, die mit meiner Unterstützung aufhören wollte zu rauchen. Im Vorgespräch stellte sich heraus, dass sie ihr ganzes Leben penibel geplant und unter strenger Kontrolle hatte. Familie, Freizeit, Beruf: alles war strikt geregelt. Nur bei den Zigaretten versagte diese Kontrolle. Nun entwickelte sie langsam eine Angst, vom Rauchen krank zu werden und wandte sich deshalb an mich. Im Gespräch stellte sich heraus, dass das Rauchen für sie den allerletzten Rest des Gefühls von Freiheit darstellte, einen klitzekleinen Raum für sich selbst und Zeit, in der sie sich einfach gehen lassen konnte. Die körperlich schädliche Handlung, das Rauchen, stellte also für sie, im Verborgenen, etwas Positives sicher: das Gefühl der Freiheit in einer sonst vollständig durchorganisierten Welt, die keinen Spielraum mehr für sie selbst ließ.

Würden wir also das Rauchen, „einfach weg hypnotisieren", ohne auf das Gefühl dahinter zu achten, so wäre mit ziemlicher Wahrscheinlichkeit eine Symptomverschiebung die Folge. Möglicherweise würde sie dann übermäßig zu essen oder zu trinken oder Nägel zu kauen beginnen, weil das eigentliche Gefühl, um das es geht, nach wie vor wirken und seine Wahrnehmung und Anerkennung einfordern würde. In der Fachsprache nennen wir dieses Phänomen „Sekundär-gewinn". Beim Sekundärgewinn handelt es sich um einen, in den meisten Fällen nicht bewussten, Gewinn, der uns daran hindert, ein negativ erlebtes Verhalten aufzugeben. Diesen Gewinn aufzugeben würde heißen, etwas Bedeutsames für uns zu verlieren. Hier lohnt es sich also genau hinzusehen, was wir mit dem jeweiligen Verhalten sicherstellen und was wir dadurch, trotz aller damit verbundenen

Probleme, gewinnen. Sobald dieser Sekundärgewinn bewusstgemacht und gewürdigt wird, das dahinterliegende Gefühl (in diesem Fall ein tiefes Bedürfnis nach Freiheit) da sein und dadurch erlebt werden darf, kann das ursprüngliche (oder besser gesagt: vordergründige) Problem gelöst werden. Das Rauchen erfüllt dann keinen Zweck mehr und kann aufgegeben werden.

Auf diese Weise sind alle Gefühle, sowohl positive als auch negative, für uns wertvoll. Sie bringen uns in Kontakt mit uns selbst, halten uns lebendig, geben uns Feedback, schützen uns und dienen uns als Wegweiser. Deshalb ist es so wichtig, dass wir unsere Gefühle zulassen und wahrnehmen. Dabei sollten wir allerdings darauf achten, dass wir Gefühle authentisch wahrnehmen, uns aber nicht von ihnen beherrschen lassen. Es ist ein eklatanter Unterschied, ob wir z.B. Trauer fühlen und traurig sind, oder uns mit dem Gefühl Trauer identifizieren. Jedes Gefühl kann kommen, eine Zeit verweilen und dann auch wieder gehen, wenn es wahrgenommen und zugelassen wird. Etwas, mit dem wir uns identifizieren, wird jedoch zu einem ständigen Bestandteil von uns. Gefühle, mit denen wir uns identifizieren, bleiben fast untrennbar an uns haften, machen uns das Leben schwer, verhindern persönliche Veränderung und Entwicklung. Wir halten daran fest, weil wir sie nicht als das erkennen, was sie sind: einfach Gefühle, die kommen und gehen, keine unveränderbaren Tatsachen!

Und so stellen auch negative Gefühle für uns im Kern etwas Positives sicher. Negative Gefühle erfüllen so gut wie immer die Funktion, uns vor etwas Wesentlichem zu schützen: vor unseren Grundschmerzen. Safi Nidiaye[27], die Begründerin der *Körperzentrierten Herzensarbeit*, prägte den Begriff „Grund-schmerzen" für ursprüngliche Gefühle, die uns sehr weh tun. So weh, dass wir sie fast nicht aushalten können. Diese Grundschmerzen und die damit verbundene Identifikation mit unseren Gefühlen gehen hauptsächlich auf unsere Kindheit zurück. Damals war die Reaktion unserer Eltern oder wichtigsten Bezugspersonen auf unser Verhalten für uns eine wichtige Orientierungshilfe und wir haben unser Selbstbild davon abgeleitet:

- Mami ist böse auf mich? – Ich bin schlimm!
- Vater hat uns verlassen? – Ich bin wertlos!
  Meine Schwester wird mehr gelobt als ich? – Ich bin ungeliebt!

Aber auch die spätere Kindheit und Pubertät prägt uns sehr:

- Der Lehrer tadelt mich? - Ich bin dumm!
- Meine erste Liebe interessiert sich nicht für mich? - Ich bin hässlich!
- Mein Körper entwickelt sich anders als der meiner Freunde? - Ich bin nicht okay!
- Ich fühle mich zum gleichen Geschlecht hingezogen? - Ich bin nicht normal!

So entstehen falsche Identifikationen, die uns prägen und uns das Leben schwer und schmerzvoll machen. Um

---

27 Safi Nidiaye, *Gefühle sind zum Fühlen da: Das Handbuch vom positiven Umgang mit negativen Emotionen*, ISBN: 3778792784

diesen Schmerz nicht zu fühlen, verdrängen wir ihn, reagieren mit einer anderen, negativen Emotion. Wir legen Gefühle übereinander, verketten und verknüpfen sie miteinander, ohne dass uns das bewusst ist. Das verhindert, dass der eigentliche Schmerz an die Oberfläche kommt und sorgt gleichzeitig dafür, dass er unter der Oberfläche weiter bestehen bleibt und uns beeinflusst. Wir selbst machen dadurch den Schmerz zu einem Teil von uns, der fast so wie ein Arm oder ein Bein intensiv mit uns verbunden ist.

Wenn wir beginnen, uns nicht mehr mit unseren Gefühlen zu identifizieren, sie nicht mehr als unabänderliche Tatsachen wahrzunehmen, sondern als einfache, ganz natürliche Gefühle, dann kann echte Transformation stattfinden. Und das ist der Kern der *Transformativen Trance®*: es geht nicht darum, unsere Gefühle zu transformieren, sondern unsere Haltung zu ihnen. Gefühle wollen gefühlt werden, einfach da sein, nicht verdrängt, verurteilt, verachtet, geringgeschätzt, geheilt oder gelöst. Dieser inneren Veränderung folgt immer auch die Äußere. Auf diese Weise transformieren wir unser Leben hin zum Positiven.

## b) Auflistung von Zugangshinweisen

Folgende Zugangshinweise bietet Ihnen Ihr Klient in der Regel an:

### Zugang über Erinnerungen:

Möglicherweise hat Ihr Klient bestimmte, wiederkehrende Erinnerungen, die ihn nicht loslassen. Das können Erinnerungen an bestimmte Situationen und Ereignisse sein. Oder vielleicht gab es einzelne Phasen seines Lebens, die besonders belastend und schwer waren. Häufig sind diese Erinnerungen auch mit Personen verknüpft. Wenn wir Erinnerungen als Anknüpfungspunkte verwenden, muss uns unbedingt bewusst sein, dass Erinnerungen immer subjektiv gefärbt sind. Aus der *False Memory Forschung* wissen wir mittlerweile auch wissenschaftlich gesichert, dass Erinnerungen keinen Anspruch auf Objektivität haben. Hier kommen drei Prozesse zum Tragen, die unser Erinnerungs-vermögen maßgeblich beeinflussen: Generalisierung, Tilgung und Verzerrung.

Menschen neigen dazu, Erfahrungen zu generalisieren, frei nach dem Motto: Wenn etwas einmal so war, dann ist es immer so. Das kommt unserem Gehirn sehr gelegen, weil es sich damit die Arbeit erspart, Situationen jedes Mal aufs Neue zu prüfen. Eine einmal gefasste Meinung zu behalten ist doch viel einfacher, als sich eine neue zu bilden! Wenn wir Geschichten und Erlebnisse wiedergeben, dann verändern wir jedes Mal nicht nur einzelne Details, sondern auch die Art und Weise, wie wir uns daran erinnern. Was uns im Moment unnütz oder belanglos erscheint wird unter den Teppich gekehrt, bis es beim nächsten Mal dann endgültig verschwunden ist. So tilgen wir Fakten regelmäßig aus unserem Gedächtnis.

Manchmal verzerren wir Informationen und Begebenheiten, weil wir es entweder nicht besser wissen oder weil es uns so einfach besser in den Kram passt. Was nicht passt, wird passend gemacht. All diese Prozesse laufen ständig ab. Deshalb müssen wir immer eine entsprechende Vorsicht walten lassen, wenn wir mit Erinnerungen arbeiten.

In einer Studie fand die deutsch-kanadische Psychologin *Julia Shaw*[28] heraus, dass es möglich ist, Personen falsche und verfälschte Erinnerungen an die Kindheit einzupflanzen, wenn diese in möglichst leuchtenden Farben und mit großer Überzeugung erzählt werden. Unser Gehirn mag keine Lücken. Dort, wo es solche Lücken gibt, füllt es diese gerne mit Pseudoerinnerungen, die alles logisch erscheinen lassen. Ich halte es deshalb für wichtig, unsere Klienten über das *False Memory Syndrome* aufzuklären. Klarer und zielführender als die Arbeit mit potenziell verfälschten Erinnerungen, ist deshalb die Arbeit mit den Gefühlen, die direkt mit diesen Erinnerungen verbunden sind. Denn alles, was für uns in unserem Leben Relevanz hat, ist eng mit Gefühlen verknüpft. Es hinterlässt Eindruck, prägt uns, berührt uns. Andernfalls würden wir es schlicht und einfach vergessen.

---

28 *Julia Shaw, Das trügerische Gedächtnis: Wie unser Gehirn Erinnerungen fälscht, ISBN: 3446448772*

Was aber, wenn ein Ereignis gar nicht so stattgefunden hat, wie wir es in unserer Erinnerung abgespeichert haben oder der Zugang zur Erinnerung blockiert ist? Dann besteht die Gefahr, diese falsche oder blockierte Erinnerung sogar noch zu verstärken. Ich empfehle deshalb, von der Erinnerungsebene möglichst schnell auf die Ebene der Gefühle zu wechseln. Denn dort ist der Mensch immer authentisch.

Angenommen, Ihr Klient erzählt Ihnen in der Informationsphase von einer Situation in der Arbeit, welche schon eine Zeit zurückliegt, die ihm aber immer noch zu schaffen macht. Bitten Sie ihn die Augen zu schließen und lassen Sie ihn ohne große Umschweife oder Einleitung einfach erzählen: *„Du hast mir vorher von dieser Situation an deinem Arbeitsplatz erzählt. Geh bitte noch einmal in diese Erinnerung. Tauche ganz in sie ein. Was ist da jetzt?".* Achten Sie dabei auf Gefühle, die geäußert werden. Sollten keine kommen, fragen Sie gezielt nach: *„Wie fühlst du dich dabei?". „Was geht jetzt in dir vor?".* Betrachten Sie jedes geäußerte Gefühl als Angebot, dass Sie nur noch dankbar annehmen müssen. Mit seinen Gefühlen gibt Ihnen Ihr Klient den Schlüssel zu seinem Unterbewusstsein in die Hand. Erkennen und akzeptieren Sie ihn! Dabei ist es vorerst gar nicht wichtig, welche Gefühle da angeboten werden. Egal ob Ärger, Wut, Scham, Ent-täuschung, Angst oder irgendein anderes Gefühl auftaucht - das ist Ihr Einstieg! Sobald der Klient in Kontakt mit seinen Gefühlen ist, vertieft sich die Trance von selbst. Sie vermitteln dabei Sicherheit und Ruhe und bieten den notwendigen Rahmen, damit sich diese Gefühle zeigen können. *„Alles, was da jetzt kommen mag, darf kommen. Alles, was sich zeigen will, darf sich zeigen.*

*Alles, was du fühlst, ist in Ordnung, das darf hier und jetzt sein.".*

Hat es Ihr Klient geschafft, über die Erinnerung Zugang zu seinen Gefühlen zu bekommen, dann war die Exploration erfolgreich. Damit können Sie nun weiterarbeiten.

**Zugang über ein (verdecktes) Ereignis:**

An viele Dinge in unserem Leben haben wir keine bewusste Erinnerung. Das betrifft z.B. unsere Lebensphase bis ca. zum 4. Lebensjahr. Nur wenige Menschen können sich an Ereignisse erinnern, die vor dem 4. Lebensjahr stattgefunden haben. Manches, das uns viele Jahre belastet, kann zu einem Zeitpunkt entstanden sein, zu dem wir es kognitiv noch gar nicht erfassen konnten. Das können achtlose, den Selbstwert angreifende Bemerkungen unserer Eltern gewesen sein, die wir ohne zu hinterfragen tief in uns abspeichert haben. Das können aber auch frühkindliche Erfahrungen gewesen sein, die uns damals einfach über-fordert haben und bis heute in uns schlummern. Aus diesen Erfahrungen werden Programme, die in uns angelegt sind und darauf warten, durch irgendeine Situation getriggert (ausgelöst) zu werden.

Erinnern Sie sich an die Geschichte von Manfred, die ich in der Einleitung geschildert habe? Im Alter von 14 Tagen nahm Manfred am OP-Tisch den Satz des Arztes wahr: *„Wenn der Kleine jetzt nicht kämpft, dann war alles umsonst...".* Zweifellos war Manfred in diesem Alter noch nicht in der Lage, diesen Satz zu verstehen. Er drang trotzdem in sein Unterbewusstsein, wo er als latente Programmierung darauf wartete, eines Tages aktiviert zu werden und seine schädigende Wirkung zu entfalten. Wir haben in diesem Fall also ein <u>ursächlich auslösendes Ereignis</u> *(oder: ISE = Initial Sensitizing Event)*, die Situation auf dem Operationstisch. Danach gab es mit hoher Wahrscheinlichkeit weitere, die latente Programmierung verstärkende Ereignisse, die Manfred in seinem Glauben bestärkt haben, er müsse um alles kämpfen. Diese <u>problemverstärkenden Ereignisse</u>, die in dieselbe Kerbe schlagen wie das ISE, werden in der Fachsprache als SSE *(= Subsequent Sensitizing Event)* bezeichnet. Diese SSEs können sowohl tatsächlich kritische Erlebnisse sein als auch banale Dinge des Alltags. Die Heftigkeit eines Ereignisses spielt dabei oft gar nicht so eine bedeutende Rolle, wie die ständige Wiederholung. Denken Sie dabei an Profiboxer: Knockout-Treffer sind zwar auch nicht angenehm, schaden allerdings in der Regel nicht so sehr wie wiederholte Kopftreffer. Steter Tropfen höhlt den Stein. Mit unserem Gefühlsleben verhält es sich genauso. Auch leichte Schläge hinterlassen irgendwann Spuren.

Wir wissen nun also, dass latente Programmierungen in uns schlummern und darauf warten, aktiviert zu werden. Dieses <u>aktivierende Ereignis</u> *(AE = Activating Event)*, welches das Problem konkret und akut werden lässt, kann mit dem ISE ident sein, muss aber nicht. Die Erfahrung zeigt, dass das ISE oftmals in der frühen Kindheit oder Jugend liegt, während das AE erst im Erwachsenenalter auftritt. Aber Vorsicht! Diese Ereignisse, ob ursprünglich auslösend, aufrecht-erhaltend oder aktivierend, können durchaus in allen Phasen unseres Lebens auftreten. Im Unterschied zu normalen Erinnerungen sind uns diese Ereignisse aber meist nicht direkt zugänglich.

Um Zugang zum ursprünglich auslösenden Ereignis zu erhalten, und damit zu den verschütteten Erinnerungen zu gelangen, nutzen wir abermals die Kraft der Gefühle.

Sobald wir ein Gefühl identifiziert haben, das mit dem aktuellen Problemerleben in Zusammenhang steht, können wir auf direktem Weg die Kommunikation mit dem Unterbewussten etablieren:

*„Geh zurück in die Situation, in der du dieses Gefühl zum ersten Mal wahrgenommen hast. Dein Unterbewusstsein schickt dir nun wesentliche Informationen dazu. Was ist da jetzt?"*.

Wir fragen an dieser Stelle bewusst nicht danach, was der Klient sieht, denn wir wissen nicht, auf welche Weise das Unterbewusstsein nun zu arbeiten beginnt. Es können Bilder auftauchen, ebenso wie Erinnerungen, Gefühle, Gerüche, Körperempfindungen... Fragen wir nach Bildern, laufen wir Gefahr, dass der kritische Verstand wieder die Oberhand gewinnt, wenn da keine sind. Die Frage *„Was ist da jetzt?"* lässt hingegen alle Optionen offen.

Verlassen Sie sich darauf, dass irgendetwas auftauchen wird, sobald Ihr Klient mit seinen Gefühlen in Kontakt kommt, und nehmen Sie alles erst einmal so an, wie es kommt. Es ist nicht wichtig, ob Ihnen die Wahrnehmungen, die nun kommen, sinnvoll erscheinen oder nicht. Sobald Gefühle und/oder Bilder kommen, beginnt sich die Trance von selbst zu entwickelt und zu vertiefen. Bleiben Sie nun dran und fragen Sie weiter: *„Was ist da jetzt? Was nimmst du wahr? Wie geht es jetzt weiter? Was passiert nun?"*

Den Zeitpunkt, an dem Ihr Klient in Trance geht, erkennen Sie daran, dass er sprachlich in die Gegenwart wechselt. Wenn er bisher davon erzählt hat, dass es damals so oder so war, wird er an einem bestimmten Zeitpunkt davon berichten, was jetzt ist. Durch die Frage *„Was ist da jetzt?"* unterstützen Sie diesen Prozess.

Achten Sie dabei bitte auch auf Ihr Timing. Denken Sie daran, dass sich im inneren Erleben Ihres Klienten erst etwas entwickeln muss und das braucht eben Zeit. Stellen Sie Ihre Fragen deshalb gezielt und zügig, aber bitte nicht im Stakkato. Wenn die Antworten aber zu zögerlich oder sehr verzögert kommen, empfehle ich, etwas „Druck" zu machen. Denkt der Klient nämlich zu lange über das Wahr-genommene nach, meldet sich automatisch wieder der kritische Verstand zu Wort, der alles analysiert und hinterfragt. Dadurch verliert der Klient wieder den Zugang zu seiner Gefühlsebene. Wenn das der Fall ist, lenken Sie die Aufmerksamkeit schnell wieder auf die Gefühle. Gelingt es Ihrem Klienten, Zugang zum ursprünglich auslösenden Ereignis zu erlangen, werden in der Regel Abreaktionen die Folge sein. Sobald diese beginnen, wechseln wir automatisch von Phase 2 in Phase 3. Darüber erfahren Sie später mehr.

**Zugang über Signalwörter:**

Oft kommen vom Klienten bereits bei der telefonischen Kontaktaufnahme erste Signalwörter, die uns Hinweise darauf geben, wo wir in unserer Arbeit ansetzen können:

*„Ich ertrage es nicht länger..."*
*„Das macht mich krank..."*
*„Dann fühle ich mich hilflos und klein..."*
*„Dann fühle ich mich allein und im Stich gelassen..."*
*„Das ist ungerecht..."*
*„Das habe ich nicht verdient..."*
*„Dafür bin ich zu schwach..."*
*„Wenn ich daran denke, wird mir ganz schlecht..."*
*„Dem bin ich völlig ausgeliefert..."*

Viele dieser Redewendungen geben einen Hinweis darauf, dass es möglichweise in der Kindheit und Jugend Situationen und Ereignisse gab, die der Klient gefühlsmäßig nicht adäquat verarbeiten konnte, weil es damals die dafür notwendigen Faktoren Raum, Zeit und Erlaubnis nicht bzw. nicht in ausreichendem Maße gab. Unverarbeitete Gefühle tendieren dazu, sich von unserem normalen Gefühlsleben abzukapseln und entwickeln so etwas wie ein Eigenleben. Diese unverarbeiteten, abgekapselten Gefühle sind den Klienten oft gar nicht bewusst, obwohl sie latent vorhanden sind und nur darauf warten, immer wieder getriggert zu werden. Vielleicht erkennen die Klienten diese Gefühle sogar und können sie zuordnen, haben sich aber trotzdem noch nie aktiv damit auseinandergesetzt, sei es aus Angst oder aus Unwissenheit. Stattdessen hadern sie mit den Symptomen,

die diese unverarbeiteten, abgekapselten Gefühle ver-
ursachen und leiden. Manchmal viele Jahre lang.

Wenn Sie als Trance-Coach entsprechende Signalwörter
bemerken, dann betrachten Sie diese bitte als Angebote
des Klienten. In meiner Praxis habe ich die Erfahrung gemacht, dass vielen Klienten gar nicht bewusst ist, was im
Laufe eines Gesprächs alles aus ihrem Mund heraus-
sprudelt. Also achte ich bereits bei der allerersten Kontaktaufnahme und besonders intensiv in der Informationsphase auf Signalwörter. Wenn mehrere Signalwörter
kommen, schreibe ich einfach mit. Wiederholungen
markiere ich mit Strichen. Viele Klienten wundern sich
dann, wenn ich ihre eigenen Worte zitiere: *„Sie haben
mir vorhin mehrmals erzählt, dass Sie sich in dieser Situation völlig hilflos und ausgeliefert fühlen…"*

Diese Signalwörter können Sie ebenso wie Erinnerungen
als Einstieg in die Gefühlsebene nutzen: *„Schließe bitte
deine Augen. Du hast mir vorhin mehrmals erzählt, dass
du dich in dieser Situation völlig hilflos und ausgeliefert
fühlst… Lass diese Gefühle jetzt einfach einmal kommen.
Lass alles kommen und da sein, was jetzt kommen und
sich zeigen will… Was ist da jetzt? Beschreibe mir bitte,
was du wahrnimmst."*

Sobald der Klient in Kontakt mit seinen Gefühlen ist,
kann die Reise weitergehen. Manchmal startet die Reise
mit kleinen Umwegen. Da erscheinen dann plötzlich ir-
gendwelche Bilder und Gedanken wie aus dem Nichts,
es tauchen alte Erinnerungen auf oder es kommen Gefühle hoch, mit denen der Klient gar nicht gerechnet hat.
Es kann auch sein, dass das Unterbewusstsein Symbole

oder Farben sendet, die den Klienten vorerst verwirren. Ermutigen Sie ihn dazu, alles zuzulassen, was sich zeigen will, auch wenn es noch so seltsam erscheint. Jeder Mensch erlebt den Eintritt in den Trancezustand anders. Wichtig ist, dass etwas kommt. In der Regel sind das Bilder und Gefühle.

**Zugang über Glaubenssätze:**

*„Ganz gleich, ob Sie denken Sie können etwas oder Sie können es nicht, Sie haben recht"*, wusste schon Henry Ford. Wir Menschen tragen Glaubenssätze mit uns herum, tief in uns verankerte Verallgemeinerungen über die Welt, das Leben, Fähigkeiten, andere Menschen und auch über uns selbst. Manche dieser Glaubenssätze sind hilfreich und förderlich, andere hingegen können uns hemmen und begrenzen. Glaubenssätze graben sich tief in unsere Persönlichkeit ein. Von dort aus wirken sie in erheblichem Maß auf uns und unsere Umwelt und beeinflussen unter anderem unsere Werte, Motivation, Verhaltensweise und Leistungsfähigkeit. Das kann uns das Leben manchmal ganz schön schwer machen. Es mag vielleicht erschreckend klingen, aber genau darin liegt auch eine große Chance, denn selbst die hartnäckigsten Glaubenssätze lassen sich transformieren.

**Beispiele für einschränkende Glaubenssätze:**

*„Ich kann daran sowieso nichts ändern!"*
*„Ich darf mir keine Fehler erlauben!"*
*„Ich muss mich zurückhalten!"*
*„Das werde ich nie begreifen!"*
*„Dafür bin ich einfach zu dumm!"*
*„Andere nutzen mich immer nur aus!"*

*„Männer weinen nicht!"*
*„Das geschieht mir recht!"*
*„Das traue ich mich niemals!"*
*„Meine Kollegen mögen mich nicht!"*
*„Die Welt ist schlecht und ungerecht!"*
*„Die Prüfung schaffe ich nie!"*
*„Ich kann das einfach nicht verstehen!"*
*„Die anderen verstehen mich einfach nicht!"*

Wir sehen, auch in Glaubenssätzen stecken viele Hinweise auf unverarbeitete, abgekapselte Gefühle und latente Programmierungen, die meist aus früheren Tagen stammen.

Wenn wir nun den Zugang über die Glaubenssätze suchen, ist es wichtig, dass wir mit der Sprache besonders achtsam umgehen und die ohnehin schon hinderlichen Glaubenssätze nicht noch verstärken. Deshalb vermeiden wir Formulierungen wie *„Die Kollegen mögen dich also nicht. Erzähl einmal..."*. Stattdessen wechseln wir so schnell wie möglich auf die Gefühlsebene: *„Bitte schließe deine Augen und fühle intensiv in dich hinein. Du hast mir vorhin erzählt, dass du das Gefühl hast, die Kollegen mögen dich nicht. Wie fühlt sich das jetzt an? Was ist da jetzt? Wo genau fühlst du, dass...?"*

Die letzte Frage eignet sich auch hervorragend, um den Zugang über Körperempfindungen zu erhalten.

## Zugang über Körperempfindungen:

Psyche und Körper bilden eine Einheit. Unser inneres Erleben spiegelt sich auch in unserem Körper wider. Emotionen haben deshalb immer auch eine somatische Entsprechung, ohne diese würden wir nämlich nichts fühlen können. Was uns kränkt, macht uns auf Dauer krank. Unverarbeitete Gefühle und Erfahrungen machen sich auch körperlich negativ bemerkbar: sie liegen wie Steine auf unserer Brust, rauben uns die Luft zum Atmen, lasten schwer auf unseren Schultern oder schlagen sich auf den Magen.

All das sind Metaphern für tatsächliche Symptome, unter denen wir leiden, wenn wir emotionale Verletzungen und Belastungen mit uns herumschleppen. Berichtet Ihr Klient von sich aus von solchen Gefühlen, so haben Sie einen wertvollen Hinweis erhalten, den Sie keinesfalls außer Acht lassen sollten. Oft gehen derartige Empfindungen Hand in Hand mit teils heftigen, körperlichen Reaktionen (= Abreaktionen), während der Klient authentischen Zugang zu seinen Gefühlen bekommt. Erschrecken Sie nicht, wenn Ihr Klient plötzlich meint, nur mehr schwer Luft zu bekommen oder das Gefühl hat, gewürgt zu werden. Das heißt nicht zwangsläufig, dass hier eine tatsächliche Gewalterfahrung oder ein traumatisches Erlebnis dahintersteckt. Bleiben Sie ruhig und begleiten Sie Ihren Klienten durch diese (kurze) Phase. Bleiben Sie ruhig, vermitteln Sie Ihrem Klienten das Gefühl von Ruhe und Sicherheit, denken Sie an die Metapher von der leeren Tasse (siehe S. 55) und vermeiden Sie, dass die kreisenden Vögel in Ihrem Kopf ein Nest bauen!

Ich empfehle, diese Körperempfindungen metaphorisch zu begleiten: *„Alles, was du jetzt wahrnimmst, darf sein. Jedes Gefühl hat seine Berechtigung. Kein Gefühl dauert ewig. Gefühle sind wie ein Gewitter, das manchmal aufzieht, heftig tobt und dann wieder vorübergeht. Und genauso darf es auch bei dir jetzt heftig stürmen und toben, weil du tief in dir drinnen weißt, dass das vorbei geht...“*

**Zugang über direkt verbalisierte Gefühle:**

es kann auch sein, dass Ihr Klient Gefühle unmittelbar ausdrückt. Diese angebotenen Gefühle können das gesamte Spektrum des Lebens umfassen. Die folgende Aufzählung von über 500 Gefühlen soll Ihnen einen kleinen Überblick über die Bandbreite von Gefühlen vermitteln:

*Abgehängt, abgekanzelt, abgeneigt, abgespannt, abhängig, abwesend, aggressiv, agil, ahnungslos, aktiv, alarmiert, albern, alleingelassen, ambivalent, andächtig, angeekelt, angenehm, angenommen, angeregt, angespannt, angewidert, angezogen, angstverzerrt, angstvoll, anstrengend, antriebslos, apathisch, argwöhnisch, arrogant, asozial, atemlos, attraktiv, aufgebracht, aufgedreht, aufgekratzt, aufgeräumt, aufgeregt, aufgewühlt, ausgebootet, ausgeglichen, ausgelassen, ausgelaugt, ausgeliefert, ausgenützt, ausgenutzt, ausgeruht, ausgestoßen, ausweglos, ängstlich, ärgerlich, beängstigt, bedauert, bedrängt, bedroht, bedrückt, beeindruckt, befangen, beflügelt, befreit, befriedigt, begeistert, begierig, begrenzt, behaglich, behütet, beklommen, bekümmert, beladen, belästigt, belastet, belebt, beleidigt, belustigt, benebelt, beobachtet, berauscht, bereichert, berührt, beruhigt, beschämt, beschützt, beschwert, beschwingt, besorgt, bestürzt, betäubt, betroffen, betrogen, betrübt, beunruhigt, bewegt, bewegungslos, bezaubert, bitter, blockiert, boshaft, chancenlos, charmant, cool, dankbar, depressiv, deprimiert, desinteressiert, desorientiert, distanziert, dünnhäutig, düster, dumpf, durcheinander, ekelig, eifersüchtig, eifrig, eingeengt, eingeschüchtert, einmalig, einsam, eitel, ekelerfüllt, elektrisiert, elend, empathisch, empfindlich, empört, energiegeladen, energielos, energisch, engagiert, enthusiastisch, entlastet, entmutigt, entrüstet, entschieden, entschlossen, entsetzt, entspannt, enttäuscht, entzückt, erfreut, erfrischt, erfüllt, ergeben, ergriffen, erheitert, erhitzt, erledigt, erleichtert, ermüdet, ermuntert, ermutigt, erniedrigt, ernüchtert, erregt, erschlagen, erschöpft, erschrocken, erschüttert, erstarrt, erstaunt, ertappt, erwartungsfroh, erwartungslos, erwartungsvoll, euphorisch, explosiv, extrovertiert, fad, fassungslos, fasziniert, faul, feindselig, feinsinnig, fesselnd, frei, fremd, freudestrahlend, freudig, freudlos, freundlich, friedlich, friedlos, fröhlich, froh, frustriert, fürchterlich, fürsorglich, furchtlos, furchtsam, gebannt, geborgen, gedemütigt, gedrängt, geehrt, gefangen, gefasst, gefesselt, gefühlvoll, gehässig, gehemmt, geil, geknickt, geladen, gelähmt, gelangweilt, gelassen, geliebt, gelöst, gemütlich, genervt, genötigt, gequält, gerädert, gereizt, gerührt, geschlaucht, geschockt, geschützt, geschwächt, gespannt, gestresst, gewürdigt, gezwungen, gierig, glänzend, gleichgültig, glücklich, glückselig, grantig, gütig, hässlich, hasserfüllt, heiter, hektisch, hellwach, hilflos, himmelhochjauchzend, hingerissen, hintergangen, hin und hergerissen, hocherfreut,*

hochmotiviert, hochzufrieden, hoffnungslos, hoffnungs-
voll, hübsch, hungrig, inspiriert, instabil, interesselos, interessiert, introvertiert, irritiert, jähzornig, jämmerlich,
kalt, kaputt, klar, konfus, konsterniert, kräftig, kraftlos,
kraftvoll, krank, kribbelig, kritisch, kühl, kummervoll, la-
bil, lahm, lasch, lebendig, lebensfreudig, lebhaft, leblos,
leer, leicht, leidenschaftlich, leidtragend, leistungsstark,
lethargisch, liebevoll, lieblos, locker, lüstern, lustig, lust-
los, lustvoll, machtlos, machtvoll, matt, melancholisch,
mildtätig, missmutig, misstrauisch, mitfühlend, mitge-
nommen, motiviert, müde, mürrisch, munter, mutig,
mutlos, nachdenklich, naiv, neidisch, nervös, nett, neugierig, niedergeschlagen, nutzlos, offen, ohnmächtig,
optimistisch, orientierungslos, panisch, passiv, peinlich,
peinlich berührt, perplex, pervers, pessimistisch, phleg-
matisch, positiv, präsent, qualvoll, rasend, rastlos, ratlos,
reich, resigniert, respektvoll, ruhelos, ruhig, satt, sauer,
scheu, schläfrig, schlaff, schlapp, schlecht, schlecht ge-
launt, schockiert, schrecklich, schüchtern, schutzbedürf-
tig, schutzlos, schwach, schwer, schwermütig, schwinde-
lig, schwungvoll, sehnsüchtig, selbstsicher, selig,
sensibel, sentimental, sexy, sicher, sinnlich, sinnlos, skep-
tisch, sorgend, sorgenfrei, sorgenvoll, sorglos, speiübel,
stark, starr, sterbenskrank, stimmungsvoll, stolz, streit-
lustig, stressfrei, tapfer, tatkräftig, teilnahmslos, tod-
krank, todlangweilig, todmüde, todschick, todsicher,
todtraurig, todunglücklich, tot, träge, transzendent,
trauernd, traurig, treu, triumphierend, trostlos, trotzig,
trübsinnig, unangenehm, unausgeglichen, unbeein-
druckt, unbehaglich, unbekümmert, unbeschwert, unbe-
teiligt, unentschlossen, unerfüllt, unerschütterlich, unge-
duldig, ungehalten, ungemütlich, ungestüm, ungezogen,
unglücklich, unnahbar, unruhig, unschlüssig, unsicher,

*unterdrückt, unterlegen, unterstützt, unverstanden, un-*
*widerstehlich, unwillig, unwohl, unzufrieden, übel, übel-*
*launig, überarbeitet, überdrüssig, überfordert, über-*
*glücklich, überlastet, überlegen, übermannt, übermütig,*
*überrascht, überrumpelt, überschäumend, überwältigt,*
*überzeugt, verängstigt, verärgert, verbittert, verblüfft,*
*vereinsamt, verfallen, vergnügt, verknallt, verkrampft,*
*verlassen, verlegen, verletzbar, verletzt, verliebt, verlo-*
*ren, verraten, verrückt, verschlafen, verschlossen, ver-*
*schreckt, verspannt, verspielt, verstanden, verstimmt,*
*verstört, vertrauensvoll, vertraut, verunsichert, verwirrt,*
*verwundert, verzagt, verzaubert, verzückt, verzweifelt,*
*wach, wahnsinnig, warmherzig, wehmütig, weinerlich,*
*widerstrebend, widerwillig, willig, wissbegierig, wohl,*
*wütend, wutentbrannt, zärtlich, zaghaft, zappelig, zer-*
*brochen, zerknirscht, zermürbt, zerrissen, zerstreut, zi-*
*ckig, ziellos, zittrig, zögerlich, zornig, zufrieden, zugehö-*
*rig, zugeneigt, zugewandt, zurückgezogen, zutraulich,*
*zuversichtlich, zweifelnd, zwiespältig, zynisch...*

Wie auch bei den anderen, vorher beschriebenen Zu-
gangshinweisen empfehle ich auch hier folgende Vorgangsweise:

a) *Wechseln Sie sprachlich in die Du-Form.* Das Unterbewusstsein benötigt keine Formalitäten. Die Erfahrung zeigt, dass die direkte Kommunikation mit
   dem Unterbewusstsein dadurch erleichtert wird.
   Nach der Trance wechseln Sie bitte wieder in die
   formelle Anrede, wenn das vorher auch der Fall
   war. Wenn Sie das Ihrem Klienten vor der Trance
   erklären, wird er das Akzeptieren.

b) *„Schließe bitte deine Augen!"*. Das menschliche Gehirn benötigt bei geöffneten Augen über 80% der Kapazitäten, um visuelle Eindrücke zu verarbeiten. Wenn die Augen geschlossen sind, werden diese Kapazitäten frei und es entsteht Raum für innere Bilder. Wenn Sie nicht so direktiv vorgehen wollen, können Sie auch sagen: *„Manche Menschen tun sich leichter damit, wenn sie dabei die Augen schließen..."*. In der Regel passiert das dann auch.

c) *Den Gefühlen Platz und Raum geben.* Alles, was da jetzt kommen und sich zeigen mag, darf kommen. Ermutigen Sie Ihren Klienten, auf seine Wahrnehmung zu achten. Das, was jetzt kommt, hat seine Berechtigung und ist okay, auch wenn es vorerst einmal keinen erkennbaren Sinn ergibt. Fragen Sie Ihren Klienten direkt: *„Was ist da jetzt?"*. Und noch einmal: egal, was kommt, es ist mit Sicherheit nichts Falsches dabei. Das Unterbewusstsein hat eigene Regeln, nach denen es funktioniert. Wir akzeptieren deshalb alles, was sich zeigt und nehmen es so an, wie es sich zeigt. Sollte plötzlich z.B. eine Farbe auftauchen, so nehmen wir dieses Angebot an und haken nach: *„Gut. Lass diese Farbe nun kommen und da sein. So zart oder intensiv, wie sie möchte. Lass diese Farbe da sein und wirken. Genau... Du machst das gut so. Was ist da jetzt...?"*

d) Denken Sie daran, dass innere Bilder Zeit brauchen, um sich zu entwickeln und entfalten. Geben Sie Ihrem Klienten diese Zeit. Dauert es aber zu lange, wird sich höchst-wahrscheinlich der kritische Verstand einschalten. In diesem Fall lenken Sie die

Aufmerksamkeit wieder direkt auf die Gefühlsebene: *„Wie fühlt sich das jetzt für dich an? Wo
spürst du das genau? Beschreib mir dieses Gefühl...".* Sobald der Klient Emotionen wahrnimmt,
vertieft sich die Trance von selbst. Wenn Sie ihn nun
durch gezielte Fragen weiter in dieses Erleben hinein begleiten, vertieft sich damit die Trance noch
mehr.

**Zusammenfassung der Zugangshinweise:**

- Zugang über Erinnerungen
- Zugang über ein (verdecktes) Ereignis
- Zugang über Signalwörter
- Zugang über Glaubenssätze
- Zugang über Körperempfindungen
- Zugang über direkt verbalisierte Gefühle

**c) Umgang mit Blockaden**

Manchmal kann es aus den unterschiedlichsten Gründen vorkommen, dass die Kommunikation nur stockend
voran-geht und die Trance sich deshalb auch nicht wie
gewünscht einstellt. Bleiben Sie auch in dieser Situation
ruhig. Setzen Sie den Klienten nicht unter Druck, sondern versuchen Sie, ihm mittels folgender Fragen Zugang zu seinem Unterbewusstsein zu ermöglichen:

**Direkte Fragen:**

Im Unterschied zur gewöhnlichen Hypnose, bei welcher
der Klient in eine tiefe Entspannung geführt wird, und
das Sprechen schwerfällt, kann hier der Klient frei und

mühelos reden. Sie führen mit Ihrem Klienten einen Dialog, also können Sie ihn ganz direkt fragen:

*„Wie geht es jetzt weiter?"*
*„Was muss jetzt getan werden, um...?"*
*„Was brauchst du jetzt, um...?"*
*„Was ist daran besonders angenehm/unangenehm?"*
*„Was brauchst du jetzt, um dich darauf einlassen zu können?"*

**So tun als ob:**

Sie wissen bereits, dass sich Ihr Klient durch die ausführliche Schilderung seines Problems in der Informationsphase selbst in eine Problemtrance gebracht hat. Wenn der weitere Zugang zur Gefühlsebene während der Trance trotzdem plötzlich blockiert ist, können Sie auf die Tatsache setzen, dass das menschliche Gehirn bei einer entsprechenden Reizstimulation nicht zwischen Realität und Fiktion unterscheidet. Das Hineinversetzen in eine Situation und dabei so zu tun, als ob sie real wäre, kann wertvolle Reaktionen triggern. Oft geht es danach ganz einfach weiter.

*„Ganz spontan: Wie könnte die Situation jetzt weitergehen?"*
*„Erzähl doch einfach ganz locker drauf los, was dir jetzt dazu einfällt."*
*„Wenn du jetzt, wie durch ein Wunder, doch etwas wahrnehmen könntest, was wäre das?"*
*„Angenommen, da wäre etwas: was wäre da jetzt?"*
*„Wenn dieses Nichts eine Farbe hätte, welche Farbe wäre das?"*

*„Wie könnte die Geschichte jetzt weitergehen?"*

Bei dieser Fragetechnik geht es in erster Linie nicht um den Wahrheitsgehalt der Antworten, sondern darum, das Erzählen wieder ins Fließen zu bekommen. Und auch hier können Sie sich darauf verlassen, dass das Unterbewusstsein Ihres Klienten zum richtigen Zeitpunkt die richtige Information schickt. Oft braucht es dafür nur einen sanften Anstoß, wie diese Fragen, welche die Fantasie aktivieren.

**Dissoziieren:**

Manchmal kann es auch sehr nützlich sein, einfach die Perspektive zu verändern. Ich erinnere mich, einmal in Trance in einen großen, goldenen Kreis geschaut zu haben, der mir sehr seltsam erschien. Als mich der Hypnotiseur daraufhin bat, doch ein paar Schritte zurückzugehen, wurde das Bild deutlicher und ich bemerkte, dass es sich dabei um den Trichter einer goldenen Trompete handelte! Ich war einfach zu nah dran am Objekt, um es erkennen zu können. Danach ging es problemlos weiter. Es müssen nicht immer große Veränderungen sein, gerade die kleinen Schritte führen oft zum Erfolg. In Trance kann der Klient seine Position verändern, die Distanz zum Wahrgenommenen je nach Bedarf vergrößern oder verringern, die Richtung, in die er schaut wechseln oder auch eine gänzlich andere Beobachterposition einnehmen. Wenn gar nichts mehr weitergeht oder die Gefühle zu überwältigend werden, hilft es oft, sich das Geschehen aus einer anderen Perspektive anzusehen, selbst zum Beobachter zu werden. Bitten Sie Ihren Klienten die Szene wie auf einer Leinwand, einem Bildschirm oder einem Display zu beobachten und sich selbst dabei von außen wahrzunehmen. Durch diese Perspektiven-veränderung wechselt er von der unmittelbaren, assoziierten Position, in der er seine Gefühle intensiv spürt, in eine distanziertere, eben dissoziierte Position, die es ermöglicht, die Angelegenheit mit etwas Abstand zu betrachten. Die Trance wird dadurch nicht gestört, im Gegenteil, oft kommen gerade auf diese Weise wertvolle Informationen.

*„Was ist da jetzt links/rechts neben dir?"*
*„Mach einen Schritt zurück und schau, was passiert..."*
*„Schau doch einmal aus einer anderen Perspektive drauf: wie sieht das von oben aus?"*
*„Beobachte die Szene doch einmal auf einer Leinwand, wie im Kino. Was erkennst du jetzt?"*
*„Schlüpfe bitte einmal in eine andere Rolle. Was ist da jetzt?"*

## Zeitablauf verändern

In Trance ist Ihrem Klienten alles möglich, was er sich vorstellen kann. Er kann deshalb nicht nur selbst bestimmen, aus welcher Perspektive er die Dinge betrachtet, sondern hat darüber hinaus auch Einfluss auf den Zeitablauf. Wenn die Wahrnehmung stockt, können Sie ihn bitten, in der Zeit einfach ein Stück weiterzugehen, bis die nächste Wahrnehmung kommt. Er kann Situationen auch überspringen, wenn sie besonders unangenehm oder vielleicht irrelevant sind.

*„Geh noch einmal zurück und nimm alle Details wahr. Was erkennst du jetzt?"*

*„Geh in der Zeit ein Stück weiter, bis du wieder etwas wahrnimmst. Was ist da jetzt?"*

*„Lass die Zeit ein bisschen langsamer ablaufen und schau genau hin, was da jetzt passiert..."*

*„Überspringe diese Situation und geh in den nächsten Moment, der für dich wieder angenehmer ist."*

## Sanftes Pushen:

Im Laufe der Sitzung wird Ihr Klient abwechselnd immer wieder in der Gefühls- und der Verstandesebene sein. Vor allem wenn Gefühle oder Situationen hochkommen, die so nicht erwartet wurden oder als unangenehm empfunden werden, „retten" sich Klienten gerne in eine Blockade oder beginnen zu analysieren. Das ist verständlich und völlig in Ordnung. Für die Lösung des Problems ist es aber wichtig, dass die Gefühle empfunden werden dürfen und mögliche Erinnerungslücken geschlossen werden können. Das dient der Verarbeitung. Sie helfen Ihrem Klienten nicht, wenn Sie dem Zögern nachgeben. Ihr Zahnarzt hört ja auch nicht auf, wenn es für Sie unangenehm wird, sondern redet Ihnen gut zu, durchzuhalten. Bleiben Sie also dran. Unterstützen Sie Ihren Klienten, indem Sie ihm für die geleistete Arbeit Anerkennung zollen und ermutigen Sie ihn, durchzuhalten:

*„Du machst das großartig, sehr gut! Ein bisschen noch. Du hast es gleich geschafft. Komm... Wie geht es jetzt weiter...? Was ist da jetzt? Hmmm...?"*

## Unterbewusstsein auf der Prozessebene einbinden:

*Richard Bandler*, der Entwickler des NLP[29] betonte immer wieder, dass es durchaus möglich ist, auf der Prozessebene zu bleiben, ohne auf den Inhalt weiter einzugehen und dennoch erfolgreich zu arbeiten. Gerade wenn die Wahrnehmung stockt oder sich irgendetwas innen sperrt, kann durch den Wechsel auf die Prozessebene der Dialog wieder ins Fließen gebracht werden.

*„Ein Teil in dir bereitet sich nun darauf vor..."*
*„Irgendetwas in dir weiß genau, wie es jetzt weitergeht..."*
*„Und auf eine ganz besondere Art und Weise beginnt sich nun in dir etwas zu verändern..."*
*„Und während dein Unterbewusstsein beginnt, dir wesentliche Informationen zu senden, kannst du... Jetzt!"*

---

*29 NLP = Neurolinguistisches Programmieren*

*Manchmal braucht es nur ein wenig Hilfe,*
*um die Angst vor den eigenen Gefühlen zu überwinden.*

## Zusammenfassung der Blockadenlösungen:

- Direkte Fragen
- So tun als ob
- Dissoziieren
- Zeitablauf verändern
- Sanftes Pushen
- Arbeit auf der Prozessebene

## Phase 3: Abreaktion

In Trance werden Emotionen direkter und intensiver erlebt als im Wachzustand. Der kritische Verstand tritt einen Schritt zur Seite und gibt den Weg zur ungefilterten Kommunikation mit dem Unterbewussten frei. Dadurch können Gefühle verarbeitet werden, selbst wenn diese bereits seit langer Zeit unterdrückt, abgekapselt, abgelehnt oder gar abgeblockt wurden. Durch die Fokussierung auf die Emotion und das damit verbundene Körperempfinden wird das Gefühl für den Klienten spürbar, greifbar, erlebbar. Die Anspannung, die das Gefühl bewirkt, wird in Trance noch verstärkt. Die Folge sind in der Regel unmittelbare, körperliche Reaktionen und genau diese wollen wir auslösen. Mit der *Transformativen Trance*® setzen wir den Hebel dort an, wo viele andere Methoden normalerweise versagen oder sich erst gar nicht hin wagen: nämlich am Zugang zum authentischen Erleben. Alles, was sich zeigen will, darf sich hier in diesem sicheren Rahmen und mit professioneller, achtsamer Begleitung zeigen. Das Abreagieren tut gut, auch wenn es von außen betrachtet, manchmal nicht danach aussieht. Ich habe Abreaktionen erlebt, die eher an eine Neuverfilmung des Klassikers „Der Exorzist" denken ließen als an eine Trancesitzung zur Lösungsfindung. Wenn Sie an diese Form der Arbeit noch nicht gewöhnt sein sollten, lassen Sie sich versichern: das äußere und innere Erleben eines Klienten müssen nicht notwendigerweise übereinstimmen. Manchen Klienten läuft eine einzelne Träne über die Wange, und sie meinen, ganze Bäche davon vergossen zu haben. Andere verkrampfen sich total und fühlen sich anschließend wunderbar entspannt.

Leider liegen zur genauen neurologischen bzw. bio-chemischen Wirkungsweise der Abreaktion noch keine ausreichenden, wissenschaftlichen Studien vor. Wir können deshalb nur spekulieren, was sich dabei konkret im Gehirn abspielt. Es gibt aber Hinweise darauf, dass Emotionen in bestimmten Bereichen unseres Gehirns abgespeichert werden und dort so lange vorhanden bleiben, bis sich die gebundene Energie in den Nervenzellen endgültig entlädt. Um diese Entladung zu bewirken, bedarf es zuvor einer Überladung unserer normalen Reizreaktion. Das heißt im Klartext: wir müssen dort hingehen, wo es normalerweise weh tut. Das ist auch der Grund dafür, warum sich so viele Menschen davor fürchten und die Konfrontation damit tunlichst meiden. In der Hoffnung, dass das Problem irgendwann von selbst verschwindet, laufen sie lieber jahrzehntelang vor sich selbst davon, als sich ein paar Stunden mit ihren Ängsten zu konfrontieren und diese dadurch für immer zu verlieren. Aus diesem Grund scheitern viele lösungsorientierte Coachingansätze, mögen sie noch so gut gemeint und durchdacht sein. Wenn Ihr Wagen einen Platten hat, dann müssen Sie sich eben um diesen kaputten Reifen kümmern, anstatt darauf zu hoffen, mit den übrigen drei Reifen schon irgendwie gut ans Ziel zu kommen. Ich persönlich sehe deshalb auch *Positive Thinking* relativ kritisch. Die schwere Gefühls-Eisenkugel, die ich an meinem Bein mit mir herumschleppe, kann ich natürlich schön verpacken, sogar mit Masche drum herum. Ich kann mir sogar einreden, dass sie irgendwie zu mir gehört und ich mich schon fast an sie gewöhnt habe. Sie bleibt trotzdem an meinem Bein und macht mir das Leben schwer, solange ich mich nicht von ihr trenne. Die

*Transformative Trance*® wurde entwickelt, um diesen Ballast endgültig loszuwerden.

*Ballast der Vergangenheit*

Dafür ist es jedoch notwendig genau hinzuschauen, den Ballast zu erkennen, zu fühlen was er bewirkt und ihm dann endgültig Lebwohl zu sagen. Diese Verabschiedung passiert über den Weg der Abreaktion. Durch die gezielte Überreizung der damit verbundenen Nervenzellen kann sich die darin aufgestaute Energie entladen und im Anschluss transformieren. Ich habe unzählige Male erlebt, wie sich dadurch Probleme, die seit Jahren

bestanden haben, innerhalb kürzester Zeit sprichwörtlich aufgelöst haben und einfach abgeschüttelt wurden.
Es handelt sich dabei um ein Aktivieren der natürlichen
Selbstheilungskräfte. Dieses Prinzip ist nicht neu, sondern auch aus der Natur bekannt. Wenn in der Savanne
ein Löwe eine Gazelle reißt und diese nicht sofort durch
einen gezielten Biss tötet, dann ist oft zu beobachten,
dass die Gazelle in einen reglosen, apathischen Zustand
verfällt. Wenn der Löwe nun das Tier für tot hält, kann
er von ihm ablassen und die Jagd nach weiterer Beute
fortsetzen. Die Gazelle bleibt dann oft noch eine Weile
in diesem Zustand, bis sie sich plötzlich kräftig durch-
schüttelt, aufspringt und ohne größere Blessuren flüch-
tet.

Dieses Abschütteln ist oft auch bei Abreaktionen der
Fall, sobald die Gefühle in Trance gezielt getriggert und
die damit verbundenen Nervenzellen im Gehirn über-
reizt werden. Die Gefühle können dann authentisch
wahrgenommen werden, während der Körper ganz natürlich reagiert und das Unterbewusstsein einen seeli-
schen Selbstheilungsprozess in Gang setzt. Diese Abreaktionen können in einer großen Bandbreite in
Erscheinung treten. Manche sind kaum bemerkbar, andere wiederum sehr heftig, aber keine davon hält lange
an:

- Weinen
- Zucken
- Zittern
- Schütteln
- Kribbeln
- Verkrampfen

- Beklemmungen
- Angstattacken
- Anspannungen

Aus meiner Sicht passieren hier zwei wertvolle Prozesse: Erstens wird die lange aufgestaute Energie endlich freigesetzt und kann sich transformieren. Und zweitens kommt der Klient wieder mit seinen Gefühlen in Kontakt, er spürt sich endlich wieder! Sie können sich sicher vorstellen, wie befreiend es für jemanden sein kann, der jahrelang nicht weinen konnte, wenn nun die Tränen nur so aus seinen Augen herausschießen! Aber auch Menschen, die kein Problem damit haben, zu weinen, können von einer Abreaktion profitieren, weil sie über das gewohnte Maß hinausgehen, eine Grenze überschreiten, hinter der Erleichterung und Befreiung auf sie warten. Sie haben sicher schon einmal irgendwann in Ihrem Leben heftig geweint. Ich vermute, dass Sie, egal wie heftig Sie geweint haben, irgendwann damit aufgehört und sich danach leichter gefühlt haben. Nicht umsonst heißt es: *Tränen reinigen die Seele.* Zudem werden dadurch Stresshormone aus dem Körper gespült und das ist grundsätzlich etwas Gutes.

Wichtig ist, dass Sie in dieser Phase Ihrem Klienten absolute Ruhe und Sicherheit vermitteln. In diesem Moment emotionaler Aufwühlung sind Sie sein sicherer Anker und seine Stütze. Verlassen Sie sich darauf: Ihr Klient schafft das! Sorgen Sie dafür, dass Sie das selbst aushalten und akzeptieren können. Gerade für Beginner ist das die größte Schwierigkeit. Generell empfehle ich Ihnen, keine Themen zu bearbeiten, die bei Ihnen selbst noch nicht verarbeitet sind. Die Gefahr der Übertragung von Gefühlen ist dabei zu groß. Sie helfen Ihrem Klienten ganz sicher nicht, wenn Sie plötzlich selbst wie ein Schlosshund zu heulen beginnen und nach Fassung ringen. Sobald die Abreaktion beginnt, begleiten Sie Ihren Klienten verbal durch diese Phase. Ermutigen Sie ihn, alles kommen zu lassen, was kommen will und alles zu fühlen, was gefühlt werden will. Loben Sie ihn für seine Fortschritte. Nach einer emotionalen Spitze kommt es für gewöhnlich zu einer entsprechenden Reaktion und darauf folgt eine Erschöpfung und Verarbeitung des belastenden Gefühls. Viele Klienten berichten von einer eintretenden Ruhe oder auch Leere, die sich dann ausbreitet. In jedem Fall wird die erfolgte Verarbeitung als sehr befreiend erlebt. Manchmal wird auch von einer inneren Aufhellung berichtet, als würde die Sonne aufgehen oder als hätte jemand das Licht eingeschaltet. Ich vermute, dass es sich dabei um eine Art „Reset" unseres Gehirns handelt, und sich die Dinge nach einem erfolgreichen Neustart wieder zu ordnen beginnen...

Begleiten Sie die Abreaktion behutsam und empathisch. Besonders geeignet sind dafür Metaphern und Analogien, die das Erleben und Verarbeiten unterstützen:

*„Nach jedem Sturm wird es wieder ruhiger..."*
*„Jedes Gewitter geht einmal vorbei..."*
*„Ein reinigendes Gewitter kann neue Klarheit bringen..."*
*„Auf jede dunkle Nacht folgt ein neuer, heller Tag..."*
*„Nach jedem Winter kommt der nächste Frühling..."*
*„Kein Gefühl dauert ewig, alles geht einmal vorbei..."*

Achten Sie bitte darauf, die Gefühle nur zu stimulieren, aber nicht zu suggerieren! Schließlich soll die gebundene Energie aufgelöst und transformiert, aber nicht verfestigt werden. Bleiben Sie im Dialog und zeigen Sie Verständnis! Sätze wie *„Das stelle ich mir schwer vor..."* oder *„Ich verstehe, dass dir das schwerfällt, aber du machst das großartig ..."* helfen dabei, die Emotion zu empfinden und das damit verbundene Symptom aufzulösen.

Der Prozess der Abreaktion ist wichtig für die Transformation. Sie sollten diesen deshalb nicht durch Fragen unterbrechen! Warten Sie damit, bis die Abreaktion abflacht. Glauben Sie mir: das passiert immer, auch wenn es unterschiedlich lange dauern kann. Manches dauert einfach länger, vor allem, wenn man es schon lange mit sich herumschleppt. Geben Sie Ihrem Klienten bitte die Zeit, die er benötigt. Er wird es Ihnen danken.

Manchmal kommt es in Trance zur Regression, zur Rückkehr in frühere Situationen im Leben des Klienten. Diese können entweder gezielt herbeigeführt werden oder sich auch spontan ergeben. Bei Regressionen steht das Schließen von Erinnerungslücken, Harmonisierung, Ressourcenstärkung und Vergebung im Mittelpunkt. Wenn die Abreaktion zu heftig wird, können Sie auch mit Dissoziation arbeiten.

Für die Verarbeitung emotionaler Blockaden rate ich von Dissoziationen ab, egal wie heftig die Abreaktion auch sein mag! Durch das Dissoziieren holen Sie den Klienten aus der tiefen Emotion wieder heraus und das wäre kontraproduktiv! Ich behaupte, dass in solchen Fällen meist nur der Trance-Coach mit der Situation überfordert ist und nicht der Klient. Also halten Sie durch und vertrauen Sie darauf, dass Ihr Klient das gut bewältigt.

Oft ist es nach einer einmaligen Abreaktion auch schon wieder vorbei. Je nach emotionaler Belastung Ihres Klienten kann es aber auch zu mehreren Abreaktionen hintereinander kommen. Diese dauern unterschiedlich lange und bieten dem Klienten kurze Verschnaufpausen. Diese Pausen dienen der kognitiven Verarbeitung und erlauben es dem Klienten, sich mental und körperlich zu erholen.

Wenn sich in einer dieser Pausen ca. 1 bis 2 Minuten Ruhe einstellt, bitten Sie Ihren Klienten, einen tiefen Atemzug zu nehmen und dann darauf zu achten, ob da noch etwas kommen will. Ich habe die Erfahrung gemacht, dass dann immer wieder auch andere Dinge zum Vorschein kommen, die bearbeitet werden wollen. Wie bei einer russischen Puppe, die immer weitere Puppen beinhaltet, können sich auch in Trance nach und nach weitere Erinnerungen und Emotionen offenbaren. Legen Sie diese behutsam, Schicht für Schicht, frei. Irgendwann stößt Ihr Klient dabei auf den Kern.

*Behutsam kommen wir, Schicht für Schicht,*
*zum Kern des Problems!*

Gestatten Sie mir, das anhand eines Beispiels zu erläutern:

Angenommen, Ihr Klient kommt zu Ihnen, weil Sie ihm dabei helfen sollen, seine unerklärliche Angst vor Hunden loszuwerden. Nach einem ausführlichen Informations-gespräch führen Sie ihn über seine Angst in eine erste Abreaktion. Sobald er abreagiert hat, bitten Sie ihn, tief Luft zu holen und fragen ihn, ob da noch etwas kommen möchte. Nun könnte es sein, dass ein weiteres Gefühl auftaucht, beispielsweise Hilflosigkeit. Gehen Sie auch diesem neuen Gefühl nach. Es folgen mit Sicherheit weitere Abreaktionen. Möglicherweise kommt es zu einer Regression in die Kindheit. Dabei tauchen neue Bilder auf und er sieht sich selbst als kleines Kind, dem ein großer Hund über das Gesicht leckt. Obwohl nichts weiter passiert, ist der Kleine voller Angst, fühlt sich hilflos und ärgert sich darüber, dass seine Eltern nicht helfen, sondern die Situation verharmlosen oder sich sogar drüber amüsieren. Die hier entstehenden Gefühle, Wut und Ärger, können nicht zum Ausdruck gebracht werden und kapseln sich ab. Der Klient ist so auf den Kern seiner Angst vor Hunden gekommen. Nicht der Hund an sich war das Problem, sondern die Reaktion der Eltern. Die abgekapselten Gefühle kämpfen sich im Laufe des weiteren Lebens immer wieder an die Oberfläche, so lange bis sie wahrgenommen werden und sich entladen können. In diesem Fall könnte der Klient in der Trance seinen Eltern entweder vergeben oder seiner Wut und seinem Ärger den Platz und Raum geben, den sie brauchen. Häufig kommt es vor, dass das eigentliche Thema tief versteckt ist. Ich behaupte sogar, dass es beinahe nie um das Thema geht, welches Ihnen Ihr Klient anfangs präsentiert. Arbeiten Sie sich deshalb langsam voran und vertrauen Sie dem Unterbewusstsein Ihres Klienten. Es weiß am besten, ob und wie es weitergehen muss. Meiner Erfahrung nach spielen dabei oft Gefühle, die gesellschaftlich nicht zugestanden werden, eine entscheidende Rolle. Männer haben oftmals Probleme, ihre Ängste zu zeigen, Frauen ihre Wut. Diese Gefühle suchen sich dann andere Möglichkeiten. Manchmal tarnen sie sich mit gesellschaftlich mehr akzeptierten Gefühlen und Symptomen, um dennoch in unserem Leben zu sein.

Hinschauen und annehmen kann hier wahre Wunder bewirken!

## Phase 4: Transformation

Fassen wir das Bisherige zusammen: über ein Ausgangsgefühl kommt der Klient zu einer körperlichen Reaktion. Dazu ist keine spezielle Tranceeinleitung oder Vertiefung notwendig, da sich die Trance selbst vertieft. Sobald authentische Gefühle auftauchen und diese zugelassen werden, reguliert sich die Trance von selbst. Wie ich weiter oben bereits erläutert habe, bezieht sich die Transformation nicht auf die Gefühle, die einfach kommen, da sein und wieder gehen wollen, sondern auf unsere mentale und körperliche Reaktion darauf. Im Zentrum der Trans-formation steht unser eigenes Erleben, der bewusste Umgang damit, <u>wie</u> wir die Dinge wahrnehmen. Wir sind danach unseren Gefühlen nicht mehr ausgeliefert, und werden von ihnen nicht mehr beherrscht, sondern wir nehmen sie als ganz natürlichen Vorgang wahr, der uns Feedback gibt, uns leitet und schützt.

### a) Transformation durch Submodalitätenarbeit

*„Wenn ich alles Große genau betrachte, so sehe ich, dass es aus lauter Kleinigkeiten zusammengesetzt ist und wenn ich ganz genau hinsehe, erkenne ich, dass es so etwas wie eine Kleinigkeit gar nicht gibt."*
- Michelangelo

Wir wissen inzwischen, dass wir Menschen unsere Erfahrungen sinnesspezifisch erleben, abspeichern und wieder aufrufen. Wir nehmen die Welt wahr, indem wir sie sehen, hören, fühlen, riechen und schmecken. Die Art und Weise, _wie_ wir das konkret tun, unterscheidet uns jedoch stark voneinander. NLP-Entwickler _Richard Bandler_ erkannte, dass die einzelnen Sinnessysteme (auch als _Repräsentations-systeme_ oder _VAKOG_ bekannt) über Unterkategorien verfügen, nannte diese _Submodalitäten_ und entwickelte daraus eine eigene Technik im NLP.

Submodalitäten sind die kleinsten, wahrnehmbaren Einheiten der einzelnen Repräsentationssysteme. Sie bilden die einzelnen Bausteine, aus denen unsere wahrgenommenen Bilder, Geräusche und Gefühle zusammengesetzt sind. Es sind formale und quantitative Unterschiede in einer Repräsentation, die unser Erleben einer Erfahrung stark beeinflussen. Das, was wir wahrnehmen, was wir sehen, hören, fühlen, riechen und schmecken, lässt sich noch feiner strukturieren und differenzieren. So lässt sich z.B. das Gehörte unterteilen in Klangfarbe, Tempo, Lautstärke, Ortung...

Neu und überraschend an dieser Entdeckung war vor allem, dass sie aufzeigte, wie entscheidend die im Gehirn repräsentierte Form einer Erfahrung den Inhalt prägt. _Wie_ wir etwas erleben, abspeichern und erinnern, ist für uns in vielen Fällen entscheidender als das, was wir erleben.

Die meisten Menschen haben sich wahrscheinlich noch nie Gedanken darüber gemacht, wie sie die Dinge genau wahrnehmen. Das bewusste Elizitieren[30] und Benutzen submodaler Unterschiede unserer Wahrnehmung ist somit eine hervorragende Möglichkeit für besonders schnelle Veränderungen des Erlebens. Am allerbesten funktioniert das in Trance.

Dazu werden die „kritischen" Submodalitäten in einem Repräsentationssystem benutzt, die durch ihre Veränderung auch die anderen Repräsentationen der Erfahrung in anderen Systemen stark beeinflussen. Ich empfehle, immer mit der Kinästhetik[31] zu beginnen, da durch die vorherige Abreaktion bereites ein guter Zugang zur körperlichen Ebene geschaffen wurde. Jede noch so kleine Veränderung auf der Gefühlsebene ist körperlich unmittelbar zu spüren.

Dabei greifen wir auf folgende Erkenntnis zurück: unser Gehirn codiert Informationen in unterschiedlichen, sinnes-spezifischen Mustern, die miteinander zusammenhängen und interferieren[32]. Ändert sich ein sinnesspezifisch relevanter Code, so verändert sich damit auch die Gesamtbedeutung einer Information. Konkret heißt das:

Sobald Ihr Klient in Trance eine bestimmte Wahrnehmung hat, lassen Sie ihn in diese vollständig eintauchen und diese genau beschreiben. Egal, ob es sich dabei um ein Bild, ein Geräusch oder ein Gefühl handelt, fragen Sie bis ins kleinste Detail nach, wie genau dies jeweils

---

30 *Duden: jemandem etwas entlocken, jemanden zu einer Äußerung bewegen*
31 *Kinästhetik = einer der 5 Repräsentationskanäle (VAKOG)*
32 *Begriff aus der Physik: Wellen, die sich überlagern und gegenseitig verstärken oder abschwächen.*

wahrgenommen wird. Nun können Sie ihn bitten, diese Details behutsam zu verändern und darauf zu achten, was diese Veränderungen bewirken. Wenn Ihr Klient z.B. das Gefühl hat, auf seiner Brust läge ein schwerer Stein, dann lassen Sie ihn diesen Stein ganz genau beschreiben und auch, was er dabei empfindet. Diese exakte Wahrnehmung ist wichtig für die Messbarkeit des Veränderungsgrads. Bitten Sie ihn nun diesen Stein zu verändern: Form, Farbe, Größe, Position, selbst das Material, aus dem der Stein besteht, darf sich verändern. Sobald Ihr Klient einen sogenannten *Kick*[33] auslöst, verändern sich andere Submodalitäten mit und damit das subjektive Empfinden.

Mit dieser Veränderung wechselt entweder die Intensität des Gefühls oder sogar die gesamte, damit verbundene Gefühls-klasse. Möglicherweise weicht die ursprüngliche Traurigkeit nun einer Langeweile. Das wirkt sich natürlich auch auf die somatische Ebene aus und Ihr Klient wird umgehend eine Erleichterung erfahren. Auf jede Anspannung folgt Entspannung, dieses Grundprinzip der Hypnose kommt auch hier zum Tragen.

In den meisten Fällen müssen Sie diesen Prozess nur leicht anstoßen und behutsam begleiten. Das Besondere an dieser Methode ist, dass der Klient die Veränderung sofort am eigenen Leib erfährt und spürt. Dadurch entsteht eine Schleife: Gefühl - Wahrnehmung - Gefühl -

---

33 *Darunter verstehen wir eine kritische Submodalität oder Treibersubmodalität. Treibersubmodalitäten verändern die Intensität einer Gefühlsklasse.*

Wahrnehmung, an deren Ende die Erleichterung, möglicherweise sogar die Lösung des Problems steht.

Im Folgenden finden Sie ein paar mögliche Fragestellungen aufgelistet:

**Auflistung von Submodalitätskriterien**

**Kinästhetisch:**

- Wie würdest du deine Körperempfindung beschreiben?
- Wie stark ist die Empfindung?
- Spürst du sie überall oder lokal?
- Wo im Körper spürst du sie besonders intensiv?
- Gibt es eine Bewegung in der Empfindung?
- Ist die Bewegung kontinuierlich oder kommt sie in Wellen?
- Wo beginnt die Bewegung?
- Wie kommt sie vom Ursprungsort zu der Stelle, an der du sie am meisten wahrnimmst?
- Wohin geht sie dann?
- Bewegt sie sich gleichmäßig oder sprunghaft?
- Ist die Bewegung stetig oder unterbrochen?

**Visuell:**

- Gibt es ein Bild oder mehrere?
- Ist das Bild flach oder dreidimensional?
- Ist es farbig oder schwarz-weiß?
- Ist es hell oder dunkel?
- Ist das ganze Farbspektrum vorhanden?
- Sind die Farben intensiv oder verwaschen?

- Gibt es einen Farbstich?
- Hat es viel Kontrast (intensiv, lebendig) oder wenig (blass)?
- Ist das Bild scharf oder unscharf?
- Ist die Oberfläche des Bildes glänzend oder matt?
- Wie groß ist das Bild?
- Welche Position nimmt das Bild im Raum ein?
- Gibt es eine Vordergrund-Hintergrund-Konstellation?
- Gibt es Details im Vorder- und/oder Hintergrund?
- Erkennst du Einzelheiten?
- Wie weit ist das Bild weg?
- Welche Form hat das Bild: quadratisch, eckig oder rund?
- Hat das Bild einen Rahmen?
- Hat der Rahmen eine Farbe?
- Wie dick ist der Rahmen?
- Ist es ein Film oder ein stillstehendes Bild/Standbild?
- Wie schnell ist die Bewegung: schnell oder langsam?
- Siehst du dich selbst im Bild?
- Stehen die Menschen und Dinge im richtigen Verhältnis zueinander und zu dir oder sind einige von ihnen größer oder kleiner als im wirklichen Leben?

**Auditiv:**

- Sind da Stimmen, Klänge, Geräusche?
- Woher kommt das Geräusch?
- Wie laut ist es?
- Hörst du es von innen oder von außen?
- Bewegt sich die Schallquelle?
- Hörst du es auf einer Seite, auf beiden Seiten oder ist der Schall überall?

- Wie weit ist die Schallquelle entfernt?
- Gibt es ein Echo oder einen Hall?
- Ist die Tonlage hoch oder tief?
- Hat es einen festen Rhythmus?
- Ist es monoton oder gibt es melodische Variationen?
- Gibt es Teile, die betont sind?
- Kommentierst du im Inneren, was du wahrnimmst?
- Was sagst du und wie sagst du es?

Der Geruchs- und Geschmackssinn spielt in unserer heutigen, modernen Gesellschaft bei vielen Menschen nur noch eine untergeordnete Rolle, das spiegelt sich auch in der Arbeit mit den Submodalitäten wider. Wir können bei der *Transformativen Trance*® deshalb in der Regel auf sie verzichten.

## b) Transformation durch Entlastung, Vergebung, Harmonisierung

Sie erinnern sich: in unserem Beispiel am Beginn dieses Buches löste Manfred das lange bestehende Problem nicht durch die Veränderung der Submodalitäten, sondern durch eine Adaption des erinnerten, ursprünglich auslösenden Ereignisses (ISE). Das ist möglich, weil wir in Trance die Gelegenheit erhalten, auch Dinge wieder „in Ordnung" zu bringen, die weit in der Vergangenheit liegen. Es ist die konkrete, sich immer wieder neu konstruierende und dadurch perpetuierende[34], Erinnerung,

---

34 *Perpetuierend = bewirken, dass etwas Dauer gewinnt, sich festsetzt, fortsetzt*

die uns belastet, nicht die Vergangenheit an sich. Ich halte es diesbezüglich mit *Richard Bandler*, dem das Zitat: *„Das Beste an der Vergangenheit ist, dass sie vorbei ist."* zugeschrieben wird. Wir erschaffen uns unsere Wirklichkeit jeden Tag selbst und treffen dadurch täglich die Entscheidung, wie wir (er)leben wollen. Genau hier setzt die *Transformative Trance*® an. Es ist klar, dass wir nicht das ursprüngliche Ereignis selbst verändern können, sondern die Art und Weise, wie dieses Ereignis repräsentiert und abgespeichert ist. Dadurch wird es uns möglich, verzwickte Situationen auch noch viele Jahre danach in unserem Gedächtnisspeicher zu harmonisieren, Schuld-gefühle loszulassen und mit ganzem Herzen (auch uns selbst) zu verzeihen.

## Entlastung

Viele Menschen schleppen negative Erinnerungen und Emotionen mit sich herum, wie eine ans Bein gekettete, schwere Eisenkugel. Oft ist das gekoppelt mit Schuld-gefühlen oder Gefühlen, die ursprünglich gar nicht von einem selbst stammen, sondern von anderen übernommen wurden. Schuldgefühle drücken und lasten schwer auf uns, hindern uns daran, mit etwas Vergangenem abzuschließen. Diese Funktion erfüllen Schuldgefühle allerdings nur, wenn wir uns mit ihnen identifizieren, wenn wir uns selbst sagen: „Ich bin schuld". Oder wenn wir anderen gestatten, uns diese Identifikation überzustülpen. Ansonsten sind Schuldgefühle nämlich ganz normale Gefühle, wie alle anderen Gefühle auch. Sie dienen uns als Feedback und Leitfaden für unser Handeln. Oft würde es reichen, sie als einfache, legitime Gefühle wahrzunehmen und als Mahnung für die Erkenntnis: „Das war nicht okay. Mach das nicht mehr." zu beachten. Dann könnten wir unsere Schlüsse daraus ziehen, aus Fehlern lernen und unser Leben entsprechend klüger, sinnvoller und verantwortungsbewusster weiterleben. Solange wir uns aber mit dem Schuldgefühl identifizieren, _sind wir_ mit unserem ganzen Wesen _schuldig_. Warum aber identifizieren wir uns so häufig und oft so leidenschaftlich mit Schuldgefühlen? Ich bin davon überzeugt, dass dahinter die tiefe Sehnsucht nach Verbundenheit steckt, resultierend aus der Urangst des Alleinseins. Schuld kann ansteckend sein und gleichzeitig auch verbindend. Oftmals ist sie gekoppelt mit Geheimnissen, Unaussprechlichem und Verborgenem. Wie fast kein anderes Gefühl ist Schuld sozial ansteckend. Sie wirkt unter der Oberfläche weiter, brodelt, gärt und infiziert immer mehr Menschen.

Nicht nur einzelne Menschen, sondern ganze Kollektive und Systeme können von Schuldgefühlen durchdrungen sein. Häufig ist dieses Phänomen in Familien zu beobachten, wo tatsächliche oder vermeintliche Schuld von Generation zu Generation weitergegeben wird. Wir schleppen die Schuld unserer Ahnen als Identifikation schwer mit uns herum, machen sie zu einem Teil von uns selbst, anstatt uns einzugestehen: „Ich bin nicht schuld! Ich trage die Schuld von jemand anderem!".

„Du bist genau wie dein Vater!", oder „Du wirst wie dein Großvater!", habe ich als Kind oft zu hören bekommen. Ich habe weder meinen biologischen Vater noch meinen im Krieg gefallenen Großvater jemals kennengelernt, aber diese Sätze haben mich trotzdem energetisch mehr an beide gebunden als alles andere. Solche generationsübergreifende Schuld lastet schwer, baut aber gleichzeitig eine Brücke zu unseren Vorderen. Diese Brücke ist jedoch mühsam zu überqueren, weil sie voll mit Unrat und Ballast der Vergangenheit ist. Es ist seltsam, dass wir uns davor fürchten, die Brücke abzureißen, wenn wir den Unrat wegräumen. Denn das Gegenteil ist der Fall! Wenn es uns gelingt, die Schuld und Verantwortung an jene zurückzugeben, die sie tatsächlich verursacht haben, dann können wir den Kopf wieder frei bekommen und Verantwortung für unser eigenes Verhalten übernehmen. So gewinnen wir selbst wieder mehr Würde und Kraft. Als erstes gilt es zu erkennen, wem die Schuld tatsächlich gehört. Fühle ich mich schuldig, dann kann ich das Gefühl bewusst wahrnehmen und es für mich zu einem Feedback und einer Richtschnur für zukünftiges Handeln machen. Das Gefühl, das mich so lange beherrscht hat, kann nun authentisch wahrgenommen werden und dadurch, dass es gewürdigt und akzeptiert wurde, schlussendlich gehen. Erkenne ich aber, dass ich die Last eines anderen trage, so kann ich diese der betreffenden Person in einem Ritual zurückgeben. Ich kann dann z.B. meinem Vater in Trance die Verantwortung für die Schuld zurückgeben: *„Lieber Vater! Ich trage deine Bürde und sie lastet schon so lange schwer auf mir. Ich möchte sie ab sofort nicht mehr für dich tragen und gebe sie dir hier und heute zurück. Das trägt zu meiner Würde und Kraft bei und auch zu deiner!"*.

# Vergebung

*„Solange Zorn den menschlichen Geist erfüllt,*
*ist Frieden unerreichbar."*
- Dalai Lama

Zorn gehört neben Angst zu jenen Emotionen, die unseren Organismus am meisten belasten. Häufiger oder anhaltender Zorn führt zu Herz- und Kreislaufbeschwerden. Durch die vermehrte Ausschüttung von Galle können Leberschäden entstehen. Die ausgeschütteten Stresshormone Adrenalin und Cortisol führen in hohen Dosen zu Verspannungen, Muskelschmerzen, Kopfschmerzen und Schlafstörungen. Auch Magen-Darm-Beschwerden, Gastritis, Reflux und Sodbrennen können die Folge sein und sogar Wunden heilen schlechter und langsamer. Trotz dieser negativen Folgen erfüllt Zorn, ebenso wie alle anderen Emotionen, eine wichtige Funktion für uns. Es liegt in unserem eigenen Interesse, einen guten Umgang mit diesem zu finden.

Hinter Zorn steckt häufig Hilflosigkeit, das Gefühl aus-geliefert und machtlos zu sein oder ungerecht behandelt zu werden. Der Zorn weist uns somit darauf hin, dass wir einen bestimmten Aspekt unseres Lebens mehr beachten oder verändern müssen. Wenn wir aber den Zorn als ein für uns wichtiges Signal betrachten und ihn akzeptieren, dann kann sich auch dieses Gefühl, nachdem es beachtet wurde, lösen und verabschieden. Wenn der Zorn verschwindet, wird der Kopf wieder frei. Das folgende Beispiel verdeutlicht die Kraft dieses Prozesses:

Eines Tages kam ein wohlsituierter, beruflich sehr erfolgreicher Mann in meine Praxis, dessen Frau nach über 20 Jahren Ehe eine kurze Affäre mit einem jüngeren Nebenbuhler hatte. Der Seitensprung war eine einmalige Sache und die Frau bereute ihn aufrichtig. Trotzdem traf es den Mann sehr, als er davon erfuhr und sein bis dahin geregeltes Leben geriet gehörig ins Wanken. Einerseits war er sehr traurig und verletzt, andererseits verspürte er eine riesige Wut auf seine Gattin. „Wie konnte sie nur so dumm sein und ein perfektes Leben für so einen Kerl aufs Spiel setzen? Habe ich ihr nicht alles geboten? Wie konnte sie mir das nur antun?", fragte er sich immer wieder. Über Monate hinweg war er zwischen Verzweiflung und Wut hin- und hergerissen. Zudem stand nun eine schon länger geplante, gemeinsame Urlaubsreise auf dem Programm, vor der er sich regelrecht fürchtete. Als die Situation für ihn unerträglich wurde, suchte er Hilfe und fand nach einigen Umwegen zu mir in die Praxis.

Hier stellte sich rasch heraus, dass er seine Gattin immer noch sehr liebte und auch weiterhin mit ihr zusammenleben wollte. Allerdings litt die Beziehung zu seiner Frau darunter, dass er nur mehr schwer Vertrauen fassen konnte, wiederholt unbegründete Vorwürfe in den Raum stellte und es immer wieder zu spontanen, heftigen Wutausbrüchen seinerseits kam, die er zwar sehr bereute, aber nicht kontrollieren konnte. Ratschläge von Freunden und Beratern wie: „Komm doch langsam darüber hinweg, das ist anderen Männern auch schon passiert.", trugen auch nicht gerade zur Verbesserung seiner Situation bei. Wir einigten uns darauf, seine Gefühle mittels *Transformativer Trance*® zu untersuchen.

Über die Exploration fand er schnell einen passenden Zugang, insbesondere zu seiner Wut. In Trance erlebte er mehrere Abreaktionen. Er begann sich zu verkrampfen, heftig zu schimpfen, zu schreien und zu weinen und ließ seinem Zorn, unter meiner Begleitung und im sicheren Rahmen, freien Lauf. Der Zorn, den er so lange zu unterdrücken versucht hatte und der genau deshalb immer wieder an die Oberfläche kam, durfte nun da sein, in der Intensität, die der Situation entsprach. Nachdem er seinem Gefühl den notwendigen Raum gegeben hatte, konnte es sich allmählich erschöpfen und er beruhigte sich wieder. Nun nahm er eine „seltsame, aber angenehme Leere" wahr. Diese Leere wich bald einem Licht, welches er sich aber nicht erklären konnte. Ich ermunterte ihn, dieses Licht zu erforschen. „Da steht ja meine Frau!", rief er verwundert. „Ich sehe meine Frau! Und sie sieht so hübsch aus! Wie ein Engel! Sie war immer lieb zu mir, aber mir war meine Arbeit wichtiger als sie. Ich habe mich nicht ausreichend um sie gekümmert und ihr nicht zugehört. Wie lange habe ich ihr schon keine Komplimente mehr gemacht? Kein Wunder, dass sie sich das wo anders geholt hat. Aber ich liebe sie doch so!". Der ursprüngliche Zorn war verschwunden, nun konnte sich das Gefühl der Zuneigung entfalten. „Ich liebe sie", wiederholte er, „und möchte ihr nicht mehr böse sein. Am liebsten würde ich sie jetzt fest an mich drücken, küssen und ihr sagen, wie sehr ich sie liebe.". „Dann tu das doch einfach", ermunterte ich ihn. „Du kannst hier und jetzt alles machen, was du willst.". Den Vergebungsprozess und die Versöhnung in Trance genoss er sichtlich.

In der Reflexion danach fiel mir folgende fernöstliche Weisheit wieder ein: *„An Zorn festhalten ist wie Gift trinken und erwarten, dass der Andere dadurch stirbt."* - Buddha. Den Zorn zu fühlen, seine Botschaft zu akzeptieren und dann gehen zu lassen, ermöglicht hingegen die Selbstbefreiung aus der negativen Abwärtsspirale.

Auch an diesem Beispiel wird deutlich, wie effektiv Trance zur Lösung von Problemen beitragen kann. In Trance ist für den Klienten so gut wie alles möglich, was er sich vorstellen kann. Er kann dadurch auch viele Jahre später unglückliche Situationen harmonisieren, sich von wirklicher oder vermeintlicher Schuld befreien und anderen oder sich selbst vergeben. Ich kenne kein anderes Verfahren, das so schnell, so wirksam und so nachhaltig Lösungen generiert, wie der strukturierte Dialog in Trance. Diese Erfahrung habe ich auch persönlich gemacht.

## Harmonisierung

Ich selbst stamme aus schwierigen Familienverhältnissen. Meinen biologischen Vater habe ich niemals kennengelernt, da sich meine Mutter bereits nach kurzer Zeit wieder von ihm trennte. Das Wenige, das ich über ihn weiß, stammt von Erzählungen meiner Mutter. Demnach war er Spieler und hat sich nie um mich und meine jüngere Schwester gekümmert. Das spärlich vorhandene Geld investierte er lieber in Spiele und Wetten. Der zweite Mann, der in meinem Leben die Vaterrolle übernahm, war gewalttätiger Alkoholiker. Unter seinen Eskapaden und Gewaltausbrüchen litt ich besonders. Als ich 11 war, trennte sich meine Mutter auch von ihm und ging eine dritte Beziehung ein, die bis heute währt. Ich fand mich in der neuen Umgebung nur schwer zurecht, rebellierte und wurde mit 16 Jahren vor die Tür gesetzt. Dies brachte schon als Kind und Jugendlicher für mich mehrere komplette Umbrüche mit sich, woraus unter anderem große Verlust-ängste resultierten, unter denen ich jahrzehntelang litt. Über Jahre war es für mich fast unmöglich, Kontakt zu meiner Familie zu haben, ich ertrug es einfach nicht. In Erinnerungen an meine Kindheit nahmen die negativ erlebten Situationen einen unangemessen großen Stellenwert ein. „Es war ja nicht alles schlecht", bekam ich oft zu hören, wenn ich darüber sprach. Stimmt, aber in meiner Erinnerung überwogen diese Eindrücke.

Im Zustand der Trance tritt der kritische Verstand, der alles bewertet, analysiert und überwacht, einen Schritt zur Seite und schafft Raum für Veränderung. Ich habe diesen Zustand wiederholt genutzt, um lange zurückliegende Situationen, die mich weiterhin belastet hatten, nachträglich zu harmonisieren und damit den Leidensdruck zu mindern. Die Trance ermöglichte mir:

- mich in vergangene, heikle Situationen zurückzuversetzen und mir die notwendigen Ressourcen zu holen, die mir damals fehlten;
- bestimmten Menschen endlich jene Dinge zu sagen, die ich mich nie zu sagen traute;
- mich mit meinem heutigen Wissen und Selbstvertrauen schützend vor mein jüngeres Ich zu stellen und es zu verteidigen;
- mir selbst nachträglich Mut zuzusprechen und mich für das Erreichte zu loben;

- mich von lieb gewonnenen Menschen zu verabschieden, wenn es sonst keine Gelegenheit mehr
dazu gab;
- mich für Erfahrungen zu bedanken, die ich erst später begriffen habe.

Wenn der kritische Verstand in Trance Platz macht für
die ungefilterte Kommunikation mit dem Unterbewusstsein, für das authentische Erleben der Gefühle, entsteht
Raum für neue Möglichkeiten und Chancen. Sätzen wie
„Ich kann nicht!", „Ich darf nicht", „Ich sollte nicht", „Das
geht nicht!" oder „Hätte ich doch!" wird damit die
Grundlage entzogen. Stattdessen heißt es nun: „Ich
kann!", „Ich darf!" und „Das fühlt sich gut an!".

Meine Arbeit an der Konzeption und Entwicklung der
*Transformativen Trance*® trug nach Jahrzehnten des Ver-
drängens und Leidens wesentlich dazu bei, mich mit
meiner Vergangenheit und gleichsam mit meiner Familie zu versöhnen. Letztlich ermöglichte mir das auch die
Versöhnung mit mir selbst. Diese Erfahrung gebe ich nun
an andere Menschen weiter.

## Phase 5: Integration

Jede Handlung hat Konsequenzen, ebenso wie jede Nicht-Handlung. Wir Menschen sind keine einsamen Inseln, isoliert und abgeschieden, sondern bewegen uns vom Zeitpunkt unserer Geburt an in komplexen Systemen. Das allererste System ist das Familiensystem. Später kommen noch andere Systeme dazu, wie z.B. Kindergartensystem, Schulsystem, Freundschaftssystem, Arbeitssystem, Vereinssystem, Öko-system, politisches System, etc. Alle diese Systeme haben eines gemeinsam: sie haben jeweils eigene Strukturen und weisen eigene Beziehungs-, Kommunikations- und Handlungssysteme auf, die sie von anderen Systemen abgrenzen. Das jeweilige System besteht aus einer Struktur, die es unverwechselbar macht und einer Struktur, welche die Regeln enthält. Die Mitglieder im System verbindet eine Wechselbeziehung und -wirkung. Durch die Zugehörigkeit zum System und der Abgrenzung nach außen entstehen unter anderem spezielle Gewohnheiten und Umgangsformen, die für Außenstehende manchmal nur schwer nachvollziehbar sind. Das Verhalten von Menschen passt sich den jeweiligen Systemen an und gleichzeitig beeinflussen die einzelnen Menschen wiederum das System.

Stellen Sie sich ein Mobile vor, an dem einzelne Figuren hängen. Bringen Sie eine Figur in Bewegung, so beeinflusst diese das gesamte System des Mobiles. Und nun ersetzen Sie gedanklich die einzelnen Figuren mit lebendigen Menschen, mit allem, was dazu gehört: Erfahrungen, Schicksale, Werte, Glaubenssysteme, Tagesverfassung, Gesundheit, Bildungsgrad, soziale Stellung, etc.

Jede einzelne, auch noch so kleine Veränderung hat Auswirkungen auf das gesamte System. Dieses Prinzip wirkt auch im echten Leben Ihres Klienten. Daher ist es wichtig, auch kleine Veränderungen behutsam in das Leben des Klienten zu integrieren. Jede Veränderung, die im Inneren beginnt, wird sich auch auf die äußeren Beziehungs-, Kommunikations- und Handlungssysteme auswirken. Sie können kein Steinchen ins Wasser werfen und darauf hoffen, dass es keine Wellen verursacht oder nur solche, die sie beeinflussen können. Schon Oscar Wilde warnte: *„Wenn die Götter uns bestrafen wollen, erhören sie unsere Gebete."*. Auf unseren Kontext übertragen würde das bedeuten, dass die Lösung und ihre Konsequenzen zum Klienten und seiner Situation passen müssen, sonst kann sich eine vermeintliche Verbesserung rasch als Bumerang erweisen *(siehe dazu auch „Sekundärgewinn", S. 73)*.

**a) Bewusstmachen der Konsequenzen**

Das Phasenmodell der *Transformativen Trance*® berücksichtigt den systemischen Aspekt, indem es die Konsequenzen und Auswirkungen der Veränderungen explizit miteinbezieht. Wenn die Veränderung nicht in den Alltag Ihres Klienten integriert werden kann, ist sie nicht von Dauer oder vielleicht sogar kontraproduktiv. Ich empfehle deshalb, Ihren Klienten direkt nach der Transformationsphase und auch möglichst bald nach der Tranceausleitung darauf hinzuweisen, dass jede Veränderung Konsequenzen hat. Keine Angst, Sie sabotieren damit nicht bisher Erreichtes, sondern festigen es sogar!

In der Integrationsphase eignen sich nach der vollzogenen Transformation folgende Fragen:

- Was konkret ist nun anders?
- Woran merkst du die Veränderung?
- Wie fühlt sich das an?
- Was ermöglicht dir das jetzt?
- Wie sieht dein Leben dadurch in ... Wochen/Monaten/Jahren aus?
- Gibt es irgendeinen Teil in dir, welcher der Veränderung kritisch gegenübersteht?
- *(Wenn ja:)* Was braucht dieser Teil nun, um die Veränderung zu unterstützen? *(Gehen Sie notfalls wieder über einen geeigneten Zugang bis zur Transformation zurück und wiederholen speziell die letzten Fragen)*

**b) Verankerung der neuen Erfahrung**

Die Integrationsphase ist die einzige Phase im gesamten Prozess, in der Sie mit direkten Suggestionen arbeiten sollten. Bevor Sie ihren Klienten bei der Reorientierung unterstützen, lassen Sie ihn die Veränderung noch einmal deutlich spüren und bitten Sie ihn, diese neue Erfahrung auf eine für ihn passende und stimmige Art und Weise zu verankern:

- Nimm alles intensiv wahr, was du nun sehen kannst, und präge es dir auf deine eigene Art und Weise gut ein!
- Fühle, was sich nun verändert hat!
- Genieße diese Veränderung!

- Erlaube dieser neuen Erfahrung ein Teil von dir zu werden!
- Ab sofort kannst du auf diese neue Erfahrung jederzeit zugreifen, wenn du das möchtest.
- Deine Veränderung kann sich jetzt tief in dir verankern.

Fahren Sie mit Ihrer Arbeit erst fort, wenn Sie sicher sind, dass dies geschehen ist.

*Alles im Leben hat Konsequenzen.*
*Alles ist miteinander verbunden.*

## c) Reorientierung

Anders, als bei klassischen Hypnosen verzichten wir bei der *Transformativen Trance*® am Ende der Trance darauf, den Klienten aus dieser herauszuzählen. Meiner Erfahrung nach unterschätzen viele Hypnotiseure diese Phase ohnehin und denken, mit einem schnellen „1-2-3-Vorbei" ist es getan. Genauso, wie jede einzelne Trance ein einzigartiges Erlebnis ist, so sollte auch das Hinausgleiten individuell sein. Ich empfehle daher auch die Exduktion[35] dem Klienten selbst zu überantworten. So, wie wir die gesamte Veränderungsarbeit den Klienten selbst bewerkstelligen lassen, so ist er auch in der Lage, sich selbst wieder im Hier und Jetzt zu reorientieren. So können Sie dabei vorgehen:

*„Nimm nun noch einmal wahr, was sich bei dir verändert hat. Spür diese Veränderung! Lass dieses Gefühl und alle damit verbundenen Eindrücke so intensiv werden, wie nötig, um diese Veränderung auch dauerhaft zu verankern... Nimm diese Veränderung einfach wahr... Und dann, wenn es genau richtig für dich ist, kannst du dich selbst ganz langsam wieder auf den Weg ins Hier und Jetzt machen... Genau in deinem Tempo... Und wenn es genau der für dich richtige Zeitpunkt ist, öffnest du deine Augen und kommst mit einem guten Gefühl [oder der benötigten Ressource] wieder ganz ins Hier und Jetzt zurück..."*

---

35  *Induktion: Einleitung, Deduktion: Vertiefung, Exduktion: Ausleitung einer Hypnose*

Geben Sie Ihrem Klienten die nötige Zeit und vertrauen Sie darauf, dass er selbst genau weiß, wann der richtige Zeitpunkt ist, die Augen zu öffnen und langsam aus der Trance zu kommen. Beachten Sie dabei bitte, dass die Trance nicht in dem Augenblick vorbei ist, in dem Ihr Klient die Augen öffnet, sondern auf jeden Fall noch eine Weile anhält und nachwirkt. Halten Sie sich deshalb mit Fragen wie „Wie geht es Ihnen?" oder „Wie fühlen Sie sich?" so lange zurück, bis Ihr Klient von selbst zu sprechen beginnt. Das kann unterschiedlich lange dauern. Manche Klienten öffnen die Augen und beginnen sofort zu sprechen, wollen unbedingt alles loswerden, was sie soeben erlebt haben. Andere wiederum wollen das Erlebte sich setzen lassen und schweigen eine Weile. Unterbrechen Sie diesen Prozess nicht! Wenn es genug ist, wird Ihr Klient von sich aus zu sprechen beginnen oder den Blickkontakt zu Ihnen suchen.

**5-4-3-2-1-Methode**

Wenn es während der Arbeit zu einer Regression[36] oder, selten aber doch, zu einer spontanen Reinkarnation[37] kommt, kann die Reorientierung mehr Zeit beanspruchen und eventuell zusätzliche Hilfe benötigen. Ich empfehle Ihnen in diesem Fall die 5-4-3-2-1-Methode, die Ihren Klienten dabei unterstützt, schön langsam wieder ganz in der Gegenwart anzukommen. Die Methode ist eine effektive Stabilisierungstechnik aus der Traumatherapie und wurde ursprünglich speziell als Hilfe für Opfer sexuellen Missbrauchs entwickelt. Und so funktioniert

---

36  *Rückkehr in frühere Situationen des Lebens*
37  *Rückkehr in frühere Leben*

diese:

Bitten Sie Ihren Klienten die Augen zu öffnen und laut auszusprechen, was er gerade wahrnimmt. Das laute Sprechen ist wichtig, weil bei manchen das Hören der eigenen Stimme den positiven Effekt noch steigert. Wenn er der Bitte nicht nachkommt, seien Sie gerne etwas direktiver. An dieser Stelle darf das sein. Lassen Sie ihn fünf Dinge aufzählen, die er im Raum sehen kann. Danach fünf Geräusche, die er hören kann. Danach fünf Sinneseindrücke, die er spüren kann. Weiter geht es mit vier Dingen, Geräuschen und Sinneseindrücken, die er sehen, hören, fühlen kann, dann drei, usw. Es macht überhaupt nichts, wenn er dabei immer wieder dieselben Wahrnehmungen ausspricht und auch wenn er die Reihenfolge durcheinanderbringt, ist das in Ordnung. Bei dieser Methode handelt es sich um eine sehr effektive *De-Hypnose-Technik*, die den Klienten schnell wieder im Hier und Jetzt orientiert und stabilisiert.

**d) Stabilisierung des Erreichten**

In vielen Hypnoseausbildungen wird den Teilnehmern vermittelt, dass es sich empfiehlt, nach der Hypnose nicht mit dem Klienten über das Erlebte zu reden, damit der kritische Verstand nicht alles „zu Tode analysiert" und das Unterbewusstsein seine Arbeit voll entfalten kann. Dem kann ich nicht zustimmen. Ich habe bei der Entwicklung der *Transformativen Trance*® die Erfahrung gemacht, dass es viele Klienten als unterstützend erleben, gemeinsam zu reflektieren und sich durch das Gespräch noch einmal eine Bestätigung zu holen. Unterbewusstsein und kritischer Verstand können sich so optimal aufeinander einstellen – und wir wissen: wenn beide gemeinsam an einem Strang ziehen, sind sie nahezu unschlagbar!

Nach der Reorientierung können Sie deshalb mit dem Klienten, sobald dieser dazu bereit ist, folgende Fragen erörtern, um die Transformation noch einmal abzusichern:

- Welche Auswirkungen hat die Umsetzung der Lösung oder Entscheidung auf Sie?
- Welche Auswirkungen hat sie auf Ihr Umfeld?
- Was verändert sich kurzfristig?
- Was verändert sich langfristig für Sie?
- Welche Nebeneffekte könnten entstehen?
- Welche Auswirkungen hat die Lösung oder Entscheidung auf Ihr Leben insgesamt?
- Welche Konsequenzen hat das in den Bereichen:
    - Beziehungen?
    - Gesundheit?
    - Beruf/Geld?
    - Werte/Sinn?
    - Was gewinnen Sie dadurch?
    - Was verlieren Sie dadurch?

## Zusammenfassung des Ablaufs

1) In der <u>Informationsphase</u> sammeln wir möglichst viele Informationen, schaffen eine vertrauensvolle Basis und erfassen das Anliegen bestmöglich. Diese Phase sollte folgende Bestandteile beinhalten:

a) Rapport herstellen
b) Rechtliche Situation und Kontraindikationen abklären
c) Anliegen erfassen
d) Erwartungen klären, Ängste zerstreuen
e) Erlaubnis zum Fühlen

Durch das Gespräch bringt sich der Klient selbst in eine Problemtrance und liefert uns erste Zugangshinweise zu seiner Gefühlsebene. Nehmen Sie sich deshalb dafür ausreichend Zeit.

2) Die <u>Explorationsphase</u> dient der Erforschung der Zugänge zum Unterbewusstsein, die durch folgende Trigger ermöglicht werden:

a) Erinnerungen
b) (Verdecktes) Ereignis
c) Signalwörter
d) Glaubenssätze
e) Körperempfindungen
f) direkt verbalisierte Gefühle

Sollte Ihr Klient dennoch Schwierigkeiten haben, Zugang zu finden, können Sie die Blockade folgenderweise umgehen:

a) direkte Fragen
b) so tun als ob
c) dissoziieren
d) Zeitablauf verändern
e) sanftes Pushen
f) Arbeit auf der Prozessebene

Sobald der Klient über den passenden Trigger Zugang zu seinen authentischen Gefühlen bekommt, vertieft sich die Trance von selbst und es kommt zu einem Wechsel in die nächste Phase.

3) In der <u>Abreaktionsphase</u> erlebt der Klient eine körperliche Reaktion auf seine Gefühle. Das kann sich durch Weinen, Zucken, Zittern, Schütteln, ein Kribbeln, Verkrampfen, Beklemmungen, kurze Angstattacken oder Anspannungen ausdrücken. Unterstützen Sie Ihren Klienten in dieser Phase durch:

a) Erlaubnis zum Fühlen
b) Verständnis und Empathie
c) Ermutigung zum Durchhalten
d) Genügend Zeit und Raum

Sobald das aufgestaute oder bisher nicht verarbeitete Gefühl abreagiert wurde, nimmt der Klient in der Regel eine kurze, innere Leere, oft auch eine Aufhellung, in jedem Fall aber eine deutliche Erleichterung wahr. Das ist ein Anzeichen, dass die nächste Phase, die

Transformation bereits begonnen hat. Lassen Sie Ihren Klienten einen tiefen Atemzug nehmen und erkundigen Sie sich, was er jetzt wahrnimmt. Es kann sein, dass es zu erneuten Gefühlsreaktionen kommt, dann wiederholen Sie diesen Vorgang so lange, bis der Übergang zur nächsten Phase gewährleistet ist. Abreaktionsphase und Transformationsphase haben oft fließende Übergänge und lassen sich deshalb nicht immer klar voneinander trennen.

4) Die Transformationsphase bietet Ihrem Klienten nun die Gelegenheit, durch die Veränderung der Submodalitäten der jeweiligen Erinnerung oder durch einen eingeleiteten Prozess der Entlastung, Vergebung und/oder Harmonisierung, zu seiner Lösung zu finden. Sollten in dieser Phase weitere, negativ empfundene Gefühlsreaktivierungen und Abreaktionen erfolgen, so können Sie wiederholt zu Phase 2 und 3 zurückkehren, bis sich in der Transformationsphase eine wirkliche Verbesserung einstellt. Lassen Sie Ihren Klienten diese Veränderung nun intensiv wahrnehmen und verankern.

5) In der Integrationsphase stehen folgende Aspekte im Mittelpunkt:

a) Bewusstmachen der Konsequenzen
b) Verankerung der neuen Erfahrung
c) Reorientierung
d) Stabilisierung des Erreichten

# Literaturverzeichnis

John C. Hughes, The Illustrated History of Hypnotism,
ISBN: 1885846142

Werner J. Meinhold, Das große Handbuch der Hypnose,
Theorie und Praxis der Fremd- und Selbsthypnose,
ISBN: 3945695384

James Braid, Neurypnology; or the rationale of nervous
sleep, considered in relation with animal magnetism,
ISBN: 1164903004

Rémi Côté, Hénin de Cuvillers - The Creator of Hypnosis,
ISBN: 1521927863

Hippolyte Bernheim, Die Suggestion und ihre Heilwirkung,
ISBN: 3956925521

Richard von Krafft-Ebing, Psychopathia sexualis. Mit besonderer Berücksichtigung der conträren Sexualempfindung: Eine klinisch-forensische Studie, ISBN: 1421235641

Richard von Krafft-Ebing, Eine experimentelle Studie auf
dem Gebiete des Hypnotismus: Nebst Bemerkungen über
Suggestion und Suggestionstherapie, ISBN: 3744624498

Émile Coué, Autosuggestion: Die Kunst der positiven
Selbstbeeinflussung durch mentales Training, ISBN:
3868202803

Dave Elman, Hypnotherapy, ISBN: 0930298047

Ernest L. Rossi und Milton H. Erickson, Gesammelte Schriften von Milton H. Erickson: Gesamtausgabe / Studienausgabe in 6 Bänden (Hypnose und Hypnotherapie), ISBN: 3849701077

Richard Bandler und John Grinder, Patterns: Muster der hypnotischen Techniken Milton H. Ericksons, ISBN: 3955714179

Floris Weber, Auflösende Hypnose, ISBN: 3000518525

Friedbert Becker, Hypnose und DK Verfahren: Das Geheimnis befreiter Aufmerksamkeit, ISBN: 3839167841

Safi Nidiaye, Gefühle sind zum Fühlen da: Das Handbuch vom positiven Umgang mit negativen Emotionen, ISBN: 3778792784

Julia Shaw, Das trügerische Gedächtnis: Wie unser Gehirn Erinnerungen fälscht, ISBN: 3446448772

Christian Peter Dogs, Gefühle sind keine Krankheit: Warum wir sie brauchen und wie sie uns zufrieden machen, ISBN: 3550081952